레츠고!

생생

입학
사정관제

대로의 합격이야기와 그 비밀

레츠 고! 생생, 입학사정관제
대로의 합격이야기와 그 비밀

1판 1쇄 인쇄 | 2009년 8월 24일
1판 1쇄 발행 | 2009년 9월 01일

글 | 손영길
그림 | 손도영
펴낸이 | 김영선
기획·편집 | 이교숙, 이인영
디자인 | (주)다빈치하우스
펴낸곳 | (주)다빈치하우스- 미디어숲
주소 | 서울시 마포구 합정동 362-5 조현빌딩 2층 (우121-884)
대표전화 | 02-323-7234
팩스 | 02-323-0253
홈페이지 | www.mfbook.co.kr
출판등록번호 | 제 2-2767호

값 14,000원
ISBN 978-89-91907-28-7(43370)

이 도서의 국립중앙도서관 출판시도서목록(CIP)은 e-CIP 홈페이지
(http://www.nl.go.kr/ecip)에서 이용하실 수 있습니다.(CIP제어번호: CIP2009002331)

레츠고!

생생

입학
사정관제

대로의 합격이야기와 그 비밀

글 손영길   그림 손도영

 머리말

"입학사정관제가 대체 뭐예요?"

요즘 학부모들은 큰 혼란에 빠져 있습니다. 지금까지의 입시 판도를 완전히 뒤바꾸는 '입학사정관제'라는 커다란 변화 때문이지요. 그런데 언론과 교육전문가들에게서 입학사정관제에 대해 정확하고 명쾌한 답변과 자료를 얻지 못하고, 어디에서도 구체적인 설명과 준비 방법을 들을 수 없으니 그저 답답할 노릇입니다. 그러다 보니 일부 학부모들은 특목고에 기대며 마치 전쟁하듯 아이들을 특목고에 보내려고 하고, 다수 학부모들은 어찌할 바를 몰라 불안해합니다.

입학사정관제는 현재 미국 등 세계 곳곳에서 시행되는 선진국형 입시 제도입니다. 지금까지의 입시 제도처럼 아이들을 무리하게 입시 전쟁에 등 떠미는 제도가 아니라, 아이가 진정 자신이 원하고 자신에게 맞는 장래를 찾아갈 수 있도록 도와주는 제도지요. 바로 지금까지 대학과 정부가 갖가지 시행착오를 거치며 힘들게 찾아낸 '참다운 인재 발굴' 제도인 것입니다.

앞으로 입학사정관제는 계속 확대 시행될 것입니다. 따라서 막연히 입학사정관제에 거부감을 가지고 불안해하기보다 적극적으로 받아들이고, 자신에게 딱 맞는 준비를 하는 자세가 필요합니다.

"입학사정관제를 어떻게 준비해야 하나요?"

필자는 입학사정관제의 본질과 의의를 알지 못하고, 그저 발만 동동 구르는 학부모와 아이들을 위해 이 책을 썼습니다. 입학사정관제가 정확히 어떤 제도이며, 왜 정부와 대학이 함께 입학사정관제를 확대 시행하려고 하는지, 입학사정관제에서 말하는 개인적인 특성과 잠재력이 무엇이고, 입학사정관제를 언제, 어떻게 준비해야 하는지를 상세히 실었습니다.

부디 이 책을 읽은 학부모와 학생들이 더는 입시의 미로 속에서 헤매지 않고, 진정 꿈꾸는 미래를 향해 자신 있게 나아갈 수 있기를 바랍니다.

저자 손영길

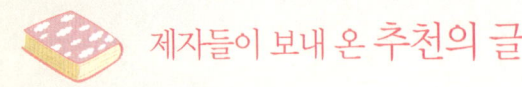

제자들이 보내 온 추천의 글

입학사정관제를 준비하고 싶다면, 먼저 이 책을 읽어라!

대학들이 속속 입학사정관제를 본격적으로 확대 시행하면서, 입학사정관제는 입시 관련 최고 관심사로 떠올랐다. 실제로 많은 학생이 입학사정관제를 속 시원히 알고 싶어 하고, 자신도 혜택을 받을 수 있을지 궁금해한다. 그러나 아직 입학사정관제 관련 정보 및 자료가 부족한 것이 현실이다.

바로 그러한 때, 입학사정관제에 대한 궁금증을 샅샅이 풀어 놓은 책이 나왔다니! 얼마나 반갑고 기쁜지 모른다. 이 책은 입학사정관제의 도입 취지 및 전망, 주요 평가요소, 효과적인 준비, 자기계발 및 관리방법 등을 빠짐없이 담고 있으며, 재미있는 내용을 통해 명쾌하게 설명한다. 또한 학생들이 자신의 인생 밑그림을 확실하게 그릴 수 있도록 구체적인 비전과 활동계획, 실천방법을 제시한다. 게다가 딱딱하고 지루한 설명이 아니라 쉽고 재미있는 나대로의 이야기를 통해 누구나 부담 없이 술술 읽고, 자연스레 입학사정관제에 대해 이해할 수 있게 되어 있다.

입학사정관제를 통해 적극적으로 입시를 준비하려는 학생, 입학사정관제에 대해 속속들이 알고 싶은 학생, 스스로 인생의 목표를 세우고 꿈을 이루려는 학생이라면 일단 이 책부터 읽으라고 권하고 싶다.

서울대학교 경영학과 1학년 09학번 김태홍

쉽고 재미있는 이야기 속에 알짜배기 입시 정보가 쏙쏙!

이 책은 입학사정관제가 무엇이고, 어떻게 준비해야 하는지 아주 쉽고 재미있는 이야기로 완벽히 풀어냈다. 최근 입학사정관제가 중요 입시 현안으로 떠오르면서 입학사정관제에 대한 구체적이고 현실적인 정보를 원하는 학생들이 부쩍 많아졌다. 이 책은 바로 그러한 학생들을 위한 책이다. 분명 겉보기에는 쉽고 재미있는 이야기다. 그러나 그 안에는 알짜배기 입시 정보가 그득그득하다.

이 책은 입학사정관제 관련 정보를 충실히 다루어, 학생들이 입학사정관제를 쉽게 이해하고 준비하도록 돕는다. 또한 대학들이 바라는 보편적인 인재의 모습을 정확하게 제시하고, 학생들이 어떻게 자신을 갈고 닦아야 할지 명쾌하게 알려준다. 쉽고 재미있는 이야기를 읽으면서 알짜배기 입시 정보까지!

그야말로 일석이조(一石二鳥), 꿩 먹고 알 먹기다.

이 책의 출간은 대학 입시 제도의 변화로 혼란을 겪고 있는 수험생들에게 기쁨이요, 긴 안목으로 미래를 준비하려는 어린 학생들에게 축복이다. 부디 많은 학생이 이 책을 읽고 어렵고 힘든 입시의 과정을 빛나는 성공으로 마무리하고, 더 높은 도약을 꿈꾸기를 바란다.

경희대학교 골프경영학과 2학년 김종근

차례

부모와 함께 읽는 입학사정관제의 이해 **2**부

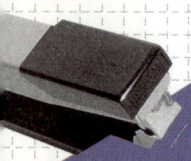

나대로의 입학사정관제 이야기와 그 비밀

기존의 모습은 거의 찾아볼 수 없이 전혀 다른 방식으로 바뀌는 것을 혁신이라고 한다. 그래서 혁신적인 제도를 처음에 이해하는 것은 무척 어렵다. 입학사정관제는 바람직한 제도이기는 하나 혁신적인 입시 제도이기 때문에 이해하기가 어렵다. 그래서 이야기의 형식을 도입하여 입학사정관제의 본질을 이해하기 쉽도록 구성했다.

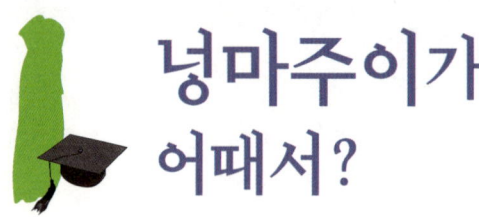

넝마주이가 어때서?

"우아! 이 필통 완전 새 거잖아. 마침 필통이 필요했는데 잘 됐다. 이야! 내가 읽고 싶던 책이네. 여기서 찾다니 돈 굳었구나!"

대로는 재활용품 더미를 이리저리 들추며 탄성을 질렀다. 필통이며 책이며 아직 쓸만한 물건들을 하나씩 집을 때마다 마치 보물을 찾은 듯 짜릿했다.

"앗! 누드 체중계잖아. 흠 하나 없이 말짱한데 누가 버렸을까?"

그때, 대로 뒤에서 누군가 쓱 걸어 나왔다.

"내가 버렸다. 왜?"

같은 반 친구 순종이 어머니였다. 대로는 순종이 어머니를 보자마자 벌떡 일어나 인사했다.

"안녕하세요, 아주머니. 이렇게 좋은 걸 왜 버리셨어요?"

"잘 쓰지 않고 짐만 되니까 버렸지. 넌 그거 주워서 뭐 하려고?"

"깨끗이 닦아서 벼룩시장에 내다 팔려고요. 상태가 좋으니까 제법 값나갈 거예요."

순종이 어머니는 대로를 말끄러미 바라보더니 빙긋 웃었다.

"대로는 참 알뜰하구나. 하나하나 골라내려면 귀찮지 않니?"

"헤헤! 별말씀을요. 제 용돈을 벌면서 쓰레기도 줄이니 일석이조죠. 아주머니, 혹시 또 버릴 물건 있으면 꼭 저한테 말씀해 주세요."

"그래, 알았다. 난 이만 들어갈 테니 수고하렴."

"네, 안녕히 가세요!"

대로는 꾸벅 인사하고 다시 재활용품 더미를 열심히 들추었다. 순종이 어머니는 그런 대로를 힐끔힐끔 보며 혼잣말을 했다.

"우리 순종이는 언제 저렇게 빠릿빠릿해지려나. 애가 공부밖에 모르니 원."

"엄마! 저 다녀왔어요!"

대로는 커다란 종이 상자를 들고 낑낑대며 문을 열었다. 상자 안에는 아까 골라낸 재활용품들이 그득그득했다. 주방에서 어머니가 혀를 끌끌 차며 나왔다.

"이번에도 한 아름 가져왔구나. 그런데 재활용품 버리는 날은 내일 아니니?"

"맞아요."

"그럼 내일 아침에 나가서 골라 오면 되지. 그렇게 만날 재활용품만 뒤지고 다니면 대체 언제 공부하려고 그래?"

"엄마도 참. 오늘 저녁부터 재활용품을 내놓는 사람들이 많잖아요. 내일 아침에 가면 이미 재활용품이 잔뜩 쌓여서 밑에 깔린 물건들을 가져올 수 없다고요. 그러니까 오늘 저녁부터 미리미리 좋은 물건을 가져와야죠. 헤헤."

"아이고, 말이나 못 하면 밉지나 않지. 그런데 넌 창피하지도 않아? 남이 버린 물건을 죄다 주워 오고……, 꼭 넝마주이 같잖니."

"넝마주이? 넝마주이가 뭐예요? 거지인가요?"

대로는 고개를 갸웃거리며 물었다.

"넝마주이란……."

어머니가 대로에게 막 설명하려던 찰나였다.

"거지라니! 넝마주이는 거지가 아니라 정말로 중요한 산업역군이었단다."

현관문이 덜컹 열리며 아버지가 들어오셨다.

"당신 퇴근하셨군요. 오늘도 고생 많으셨어요."

"어, 아빠! 안녕히 다녀오셨어요?"

어머니와 대로는 반갑게 아버지를 맞았다. 아버지는 어머니에게 가방과 웃옷을 벗어 건네고, 대로의 어깨를 툭툭 두드렸다.

"그런데 아빠, 넝마주이가 뭐 하는 사람인데요? 산업역군은 또 뭐고요?"

"대로야. 넝마주이란 아빠가 너만 했을 때, 온 동네를 돌아다니며 종이나 빈병 등 아직 쓸만한 물건들을 줍던 사람이야. 등에 커다란 망태기를 지고, 손에 기다란 집게를 들고 동네 구석구석을 샅샅이 쓸고 다녔지."

"그래요? 정말 엄마 말씀대로 제가 꼭 그 넝마주이 같은데요? 저도 내일부터 망태기랑 집게를 챙겨 들고 나갈까 봐요. 헤헤헤."

넉살 좋은 대로의 말에 아버지는 껄껄 너털웃음을 쳤다.

"역시 우리 아들이구나! 그런데 넝마주이들은 너처럼 공부하다 틈틈이 물건들을 주운 게 아니야. 온종일 발바닥이 닳도록 재활용품들을 주우러 다녔어. 그때는 어떤 물건이든 귀했거든. 넝마주이들이 모은 종이 한 장, 빈 병 하나, 쇠붙이 한 조각도 아주 소중하게 다시 쓰였어. 그러니 자원이 부족한 우리나라가 이렇게 잘사는 나라가 되기까지는 그 사람들도 크게 공헌한 것이지. 이렇게 국민들이 잘살 수 있도록 열심히 일하는 사람들을 산업역군들이라고 한단다."

넝마주이의 유래를 이야기하는 아빠의 표정은 사뭇 진지하고 힘찬 표정이었다.

"대로도 알지? 우리나라는 자원을 대부분 수입해서 쓴단다. 예를 들어, 종이를 만드는 펄프도 수입해서 쓰지. 우리가 종이를 아끼지 않고 펑펑 쓰면 어떻게 될까? 계속 펄프를 수입해야 하고, 외화가 빠져 나가지. 그 반대로 종이를 아껴 쓰면 펄프를 덜 수입해도 되고, 외화를 절약할 수 있어. 넝마주이는 우리가 자원을 아껴 쓰고, 외화를 절약할 수 있게 도와준 고마운 사람들이야."

아버지의 말이 끝나자 대로는 고개를 끄덕이며 힘차게 대답했다.

"네, 아빠 말씀을 들으니까 저도 넝마주이처럼 훌륭한 산업역군이 된 양 뿌듯해요. 헤헤, 앞으로 더 열심히 재활용품을 모아야겠어요."

"쯧쯧, 학생이면 학생답게 공부를 해야지. 여보, 당신은 애한테 왜 그런 소리를 해요? 또 공부 안 하고 나가서 재활용품만 뒤지면 어쩌려고요."

보다 못한 어머니가 못마땅한 듯 핀잔을 주었다. 아버지와 달리 어머니는 대로가 재활용품 수집이 아니라 공부에 열 올리기를 바랐다.

"대로야, 15층에 사는 순종이를 봐라. 얼마나 공부를 열심히 하는지 날마다 밤늦게까지 학원이다 과외다 눈코 뜰 새 없다더라. 순종이가 그렇게 공부하니까 전교 1등을 하지. 넌 언제 순종이처럼 공부해서 대학 갈래?"

어머니는 점점 목소리를 높였다. 대로는 어깨를 한 번 으쓱할 뿐, 대꾸하지 않았다.

"다른 애들은 주말에도 학원가서 공부한다는데 넌 벼룩시장에나 가고. 초등학교 때야 그렇다 쳐. 중학생이 되어서도 이 모양이면 어쩌니, 응?"

이때 눈치 빠른 아버지가 중재에 나섰다.

"자자, 그만하고. 대로야, 너 어서 네 방으로 가서 볼일 보렴."

"여보! 당신이 자꾸 애를 감싸니까 애가 공부를 안 하잖아요! 글쎄, 15층에 사는 순종이는……."

"어허, 왜 애를 비교하나. 당신은 공부만 하느라 얼굴이 허여멀건한 순종이가 씩씩한 우리 대로보다 좋아?"

"그건 아니지만……."

아버지는 한층 부드러운 목소리로 어머니를 달랬다.

"아직 중학생이니까 저 하고 싶은 대로 놔둬요. 대로는 제 할 일 하나는 똑소리 나게 하는 아이잖소. 우리 아들을 믿어 봅시다."

아버지는 어머니 어깨를 끌어안으면서 대로를 향해 한쪽 눈을 찡긋했다. 대로는 고개를 끄덕이며 씩씩하게 외쳤다.

"엄마, 엄마, 사랑하는 우리 엄마! 엄마 아들 나대로는 하고 싶은 일이 엄청 많아서 공부만 할 수 없답니다. 하지만 걱정하지 마세요. 저, 공부도 열심히 할 테니까요! 그럼 전 이만 예습, 복습하러 갑니다."

말을 마친 대로는 후다닥 방으로 뛰어 들어갔다. 아버지가 말리는 바람에 마저 말하지 못한 어머니는 어쩔 수 없다는 듯 한숨을 쉬었다.

"아휴, 내가 못살아. 정말!"

2 벼룩시장은 즐거워

"따르릉! 따르릉!"

아침 7시, 알람이 요란하게 울렸다. 대로는 졸린 눈을 비비며 더듬더듬 알람을 껐다. 어젯밤에 예습, 복습을 끝낸다고 늦게까지 공부했더니 좀 피곤했다. 하지만 침대 속에서 마냥 꾸물거릴 수 없었다. 오늘은 일요일, 바로 벼룩시장이 열리는 날이다. 대로는 그동안 모아 놓은 물건들을 모두 모아 벼룩시장에 들고 나갈 참이었다.

"이영차!"

대로는 기합을 넣어 벌떡 자리에서 일어났다. 늘어지게 기지개를 켜며 창문을 열었다. 선선한 아침 공기가 몹시 기분 좋았다.

"자, 나대로! 오늘도 완판이다!"

대로는 자기 전에 바리바리 싸든 재활용품 꾸러미를 보며 즐겁게 웃었다.

벼룩시장이 열리는 중앙공원은 아침부터 물건을 팔러 나온 사람들로 몹시 붐볐다. 삼삼오오 저마다 자리를 잡고, 좌판 위에 물건들을 오밀조밀 늘어 놓았다.

"오호! 오늘도 사람들이 박작박작하네."

대로는 벼룩시장에 오면 늘 기분이 들떴다. 사람들과 물건 값을 흥정하고, 적절한 값에 물건을 파는 일이 그렇게 재미있을 수 없었다.

"어, 소연 누나다. 누나, 안녕하세요?"

"대로 왔구나. 오늘도 쓸만한 물건 많이 모아 왔니?"

"그럼요. 반짝반짝 닦아서 새 거나 다름없어요. 누나는요?"

"후훗, 한 번 볼래?"

소연 누나는 자기가 직접 만든 귀걸이와 목걸이, 팔찌 등을 들고 나와 팔 았다. 솜씨가 워낙 좋아 중앙공원 벼룩시장에서 인기가 높았다. 대로 역시 소연 누나가 만든 물건들을 보고 입을 다물지 못했다.

"우아, 끝내주는데요! 누나, 나랑 동업하지 않을래요? 누나는 물건 만들고, 나는 물건 팔고. 누나는 물건 만들 시간이 늘어나니까 좋고, 나는 물건 주우 러 다닐 시간이 줄어드니까 좋고. 딱 좋다! 딱 좋아!"

대로의 익살에 소연 누나는 까르르 웃음을 터트렸다.

"얘는 참, 얼른 좌판 깔아. 손님 그냥 갈라."

"네!"

대로는 소연 누나 옆에 좌판을 깔고, 챙겨 온 물건들을 하나씩 늘어놓았다. 누드 체중계, 중고 책, 봉제 인형, 장난감 기차 등등. 대로가 정성껏 닦은 덕 분에 하나같이 깨끗하고 반질반질 빛이 났다. 마침 지나가던 아주머니가 누드 체중계를 보고 걸음을 멈추었다. 대로는 이때를 놓칠세라 재빨리 아주머니에게 말을 걸었다.

"아주머니, 요거 아주 싸게 드릴 테니까 가져가세요."

"얼마에 줄래?"

"음, 완전 새거나 다름없으니까 만 원은 족히 받아야 하는데, 그냥 7천 원만 내세요."

"누가 이것을 7천 원씩이나 주고 사니? 더 싸게 줘."

"아, 그럼 남는 게 없는데……. 에잇, 인심이다. 5천 원만 주세요."

대로는 싹싹하게 대답하며 누드 체중계를 5천 원에 팔았다. 아주머니는 그런 대로를 보며 혀를 내둘렀다.

"넌 어쩌면 그렇게 장사를 잘하니? 아직 어린데 대단하구나!"

"헤헤, 아직 멀었어요."

"그럼 애야, 물건 많이 팔고 가렴."

"네, 안녕히 가세요!"

대로는 뒤돌아가는 아주머니를 향해 깍듯이 인사했다. 첫 손님부터 5천 원어치나 팔다니, 아무래도 오늘은 매상이 제법 될 듯했다.

대로가 몇 가지 물건을 팔았을 즈음이었다. 남자 아이 2명과 여자 아이 3명이 오더니 대로 옆에 좌판을 펼쳤다. 아이들은 좌판 앞에 푯말을 세우고, 저금통을 하나 놓았다.

아이들은 교복, 참고서, 가방, 쿠션 등을 좌판 위에 올려놓았다. 준비가 다끝나자 남자 아이 둘이 좌판 앞에 서서 손님을 끌기 시작했다.

"봉사 동아리 '천사들의 합창'입니다. 필요한 물건도 사가시고, 봉사도 하세요!"

한 아주머니가 호기심 어린 눈으로 다가왔다. 아주머니는 교복을 가리키며 물었다.

"이건 얼마니?"

그러자 안경 쓴 여자 아이가 방긋 웃으며 대답했다.

"아주머니 마음대로 내세요. 이 통에 돈을 넣으시면 되고요."

"그런 게 어디 있어? 값을 말해야지."

"저희는 물건 값을 따로 정하지 않고 받아요."

아주머니는 고개를 갸웃거렸다. 좀처럼 이해되지 않는 표정이었다.

"이상하구나. 그렇게 장사해서 장사가 되겠니?"

이번에는 볼이 통통한 여자 아이가 말했다.

"저희는 한 달에 한 번씩 고아원이나 양로원을 찾아가 봉사활동을 해요. 그때 필요한 돈을 모으려고 물건을 판답니다."

"그래도 값을 정해서 받아야 하지 않아?"

"물건이 꼭 필요한데 돈이 없는 분도 계시잖아요. 저희는 돈 없는 분들은 그냥 물건을 가져가도 좋아요. 그 또한 봉사라고 생각하니까요. 반대로 어려운 이웃을 돕고 싶은 분이 계시다면 저희에게 물건 값을 넉넉히 주고 가시면 좋겠죠. 헤헤헤."

그때 옷을 잘 차려 입은 아주머니와 아저씨가 대화에 슬쩍 끼어들었다. 아주머니는 걱정스럽다는 투로 물었다.

"좋은 일을 한다니 기특하네. 하지만 너희 그러다 언제 공부하니? 부모님이 걱정하지 않으셔?"

먼저 볼이 통통한 여자 아이가 대답했다.

"저는요. 나중에 커서 고아원을 운영하려고 해요. 부모님을 잃은 아이들이 사랑을 듬뿍 받고, 행복하게 지낼 곳을 만들고 싶거든요."

이어서 안경 쓴 여자 아이가 말했다.

"전 UN에 들어갈 거예요. 가난하고 살기가 힘든 나라의 어린이들을 돕는 일을 하고 싶어요. 그래서 영어 공부도 열심히 하고 있어요."

키가 큰 여자 아이도 방긋 웃으며 말했다.

"제 꿈은 노인 전문병원을 운영하는 거예요. 할머니, 할아버지들이 집처럼 마음 놓고 지내실 수 있는 병원을 만들고 싶어요. 저기 키 작은 남자애 보이시죠? 저 애가 인택인데요. 인택이는 양로원을 차리고 싶댔어요."

여자 아이들과 아주머니가 나누는 대화를 듣고 있던 아저씨가 한 마디 거들었다.

"요즘 보기 드물게 대견한 아이들이구나. 어떻게 그런 생각을 했니?"

안경 쓴 여자 애가 멀찍이 떨어진 남자 아이를 가리키며 말했다.

"저기 키 큰 애가 기상이에요. 기상이가 우리 동아리를 만들었는데요. 나중에 고아원, 양로원, 노인병원, 어린이병원을 한데 모으고 싶대요. 그래서 오갈 데 없는 어린이들과 할아버지, 할머니들을 행복하게 하는 게 꿈이래요. 저희는 기상이의 이야기를 듣고 감동을 받았어요. 함께 노력해서 꿈을 이루자고 약속했어요."

"그래? 어른들도 하기 힘든 생각을 해냈구나. 너희가 볼 때 저 애가 정말 그런 일을 할 수 있을 것 같니?"

"그럼요! 기상이는 자기가 마음먹은 일을 반드시 해내는 친구예요. 분명히 자기 꿈을 이룰 거예요."

아저씨는 고개를 끄덕이며 무언가를 열심히 노트에 적었다. 필기를 마친 아저씨는 아이들을 향해 빙그레 웃었다.

"너희들처럼 꿈을 가지고 열심히 노력하는 모습을 보니 기분이 좋구나. 이 아저씨도 가만있을 수 없지. 딱히 살 만한 물건은 없고 기부만 하마. 잘 보태 쓰렴.”

아저씨는 지갑에서 지폐를 꺼내 저금통 속에 넣었다. 그 모습을 본 아이들이 입을 모아 큰 소리로 인사했다.

“네, 고맙습니다. 열심히 할게요!”

‘벼룩시장으로 봉사 활동이라……, 생각도 못 했네.’

대로는 ‘천사들의 합창’ 이야기를 듣고 깨닫는 바가 많았다. 지금까지 대로에게 벼룩시장이란 버려진 재활용품을 모아 팔고, 스스로 용돈을 버는 재미있는 곳이었다. 하지만 또 다른 친구들에게 벼룩시장은 봉사 활동의 장이

었던 것이다. 새삼 놀랍고 신기했다.

"야, 나대로! 오늘 장사 잘 되냐?"

농구공을 든 친구들이 대로의 좌판 앞에 우르르 몰려들었다.

"친구를 위해 오늘 우리가 손님 좀 모아 볼까? 대로야, 물건 다 팔면 우리랑 농구하자. 오케이?"

"두말하면 잔소리, 오케이!"

대로는 엄지를 번쩍 치켜들었다. 그러자 친구들은 일제히 공원 곳곳으로 흩어져 손님들을 끌어왔다.

"누나! 누나! 일단 와 봐요. 물건 정말 좋다니까."

"아주머니! 구경이라도 하고 가세요!"

친구들이 극성스레 붙들어도 지나가는 사람들은 하하, 호호 웃을 뿐 싫어하지 않았다. 간혹 못 이기는 척 끌려오는 사람들도 있었다. 친구들이 한쪽 눈을 찡긋하고 사인을 보내면 대로는 큰 소리로 손님을 맞았다.

"어서 오세요! 자, 필요한 물건을 싸게 싸게 드립니다. 마음껏 골라 보세요!"

3. 새로운 가족
코코와 로키

"대로 엄마, 여기서 뭐 해요? 대로 기다려요?"

순종이 어머니였다. 대로 어머니는 순종이 어머니를 보고 한숨을 푹 쉬며 말했다.

"네, 아침부터 벼룩시장에 가더니 아직까지 안 돌아왔거든요. 걱정돼서 아파트 입구까지 나왔네요."

"아, 벼룩시장……. 전에 대로가 말하더라고요. 어린 게 기특하죠. 벌써부터 악착같이 돈을 벌고 있으니 대로는 금방 부자 되겠어요. 호호호."

"학생이 돈을 벌면 얼마나 벌겠어요? 진득하게 공부나 했으면 좋겠는데, 예습, 복습만 끝나면 쪼르르 밖으로 나가 버린다니까요. 물론 내신이야 괜찮은 편이지만, 어디 내신만 가지고 좋은 대학 갈 수 있나요? 귀에 못이 박이도록 이야기해도 듣질 않으니 속상해요."

듣고 있던 순종이 어머니가 맞장구쳤다.

"하기야 요새는 학원 안 다니고, 학교 공부만 해서는 좋은 대학에 못 들어가지요. 또 대학을 나오지 않으면 좋은 회사에 들어가기도 힘들고……. 대로 아버지도 좋은 대학 나오셨으니까 좋은 직장에서 일하시잖아요. 우리 순종이 아버지는 슈퍼마켓 하느라 얼마나 고생하는지 몰라요."

"에이, 순종이 어머니도 참. 순종이 아버지는 엄연한 대형 마트 사장님이시잖아요. 돈도 많이 버신다면서요. 아휴, 순종이 어머니는 좋겠어요. 순종이는 공부 열심히 하지, 순종이 아버지는 자식 교육 팍팍 밀어 주시지. 우리 집은 왜 이러나 몰라. 대로는 틈만 나면 밖으로만 쏘다니지, 대로 아버지는 대로를 나무라기는커녕 부추기고 있지."

대로 어머니는 다시 한숨을 쉬었다. 반면 순종이 어머니는 남편과 자식 칭찬에 기분이 좋았던지 입가가 실실 벌어졌다.

"호호, 아니에요. 우리 순종이는 정말 공부밖에 몰라 큰일이라니까요. 아니 글쎄, 요즘 애들이 다하는 컴퓨터 게임도 못하지 뭐예요. 남자 애들은 제 손으로 컴퓨터를 뜯었다 고쳤다 한다는데, 우리 순종이는 컴퓨터를 쳐다보지도 않으니 어쩐대요. 아차, 지금 시간이……."

순종이 어머니는 과장된 몸짓으로 소매를 걷고 시계를 보았다. 그리고 눈을 동그랗게 뜨고 호들갑을 떨었다.

"에구머니, 벌써 순종이 과외 끝날 시간이네. 대로 어머니, 저 순종이 데리러 갈게요. 다음에 봬요."

대로 어머니는 총총 걸어가는 순종이 어머니를 망연히 바라보았다. 그때였다.

"엄마! 저 다녀왔어요."

갑자기 대로가 눈앞에 쓱 나타났다. 순종이 어머니를 보느라 다른 방향에서 오는 대로를 보지 못했던 것이다.

"어머, 깜짝이야. 대로야, 그런데 너 안고 있는 게 뭐니?"

대로는 품에 조그만 강아지를 안고 있었다. 이제 태어난 지 고작 두세 달이나 되었을까. 조그만 강아지는 작은 몸을 꼼지락대면서 낑낑 소리를 냈다.

"아, 누가 버렸나 봐요. 계속 제 뒤를 졸졸 따라다니는데 아무리 찾아도 주인이 없더라고요. 앞발을 다쳤는지 잘 걷지도 못하는데 그냥 두고 올 수가 없어서 데려왔어요."

대로는 강아지 앞발을 어루만지며 말했다.

"아파트에서는 강아지를 못 키우는데……."

대로 어머니는 잠시 망설였다. 하지만 초롱초롱 빛나는 대로의 눈을 보고 강아지를 들일 수 없다는 말을 차마 할 수 없었다. 무엇보다 아직 어린 강아지를 진심으로 걱정하는 대로가 기특했다.

"그래, 우리 아들 착하네. 자, 엄마한테 강아지 주고 어서 들어가자."

"엄마, 고마워요!"

집 안에 들어가자 지수가 달려 나왔다.

"우아, 웬 강아지야? 오빠, 벼룩시장에서 번 돈으로 사왔어?"

"아냐, 버려진 강아지인데 내가 데려왔어."

"그래서 이렇게 지저분하구나. 엄마, 이 강아지 우리가 키워도 돼요?"

대로 어머니는 눈을 말똥말똥 뜨고 묻는 지수가 귀여워 빙그레 웃으며 고개를 끄덕였다.

"응, 일단 강아지 목욕부터 시키자. 오늘은 엄마가 목욕시킬 테니까 다음에는 너희가 돌아가면서 목욕시켜야 한다."

"네!"

지수가 대로보다 더 크게 대답했다. 초등학생 5학년인 지수는 강아지를 무척 좋아해서 종종 부모님에게 강아지를 키우게 해 달라고 조르곤 했다. 그때마다 반대하던 어머니가 드디어 허락했으니 지수가 뛸 듯이 기뻐할 만했다.

"어서 아빠한테 강아지를 보여 드리고 싶은데. 엄마, 아빠 어디 가셨어요?"

"할머니 댁에 가셨잖니?"

"맞다. 오늘 시골 가신다고 했지. 빨리 아빠께 강아지를 보여 드리고 싶은데…… . 참, 오빠 강아지 이름을 뭐라고 지을까?"

"글쎄다."

"음, 코코 어때? 코가 까맣고 반짝반짝 예쁘니까 코코! 오빠, 코코라고 짓자. 응?"

지수는 신이 나서 종알종알 떠들어 댔다. 그런 지수가 대로는 마냥 사랑스럽기만 했다.

"코코, 좋은 이름인데? 좋아. 코코로 하자."

마침 목욕을 마친 코코가 기분이 좋은 듯 쪼르르 달려왔다.

"아휴, 예뻐. 우리 코코."

지수는 코코를 덥석 안아들고 얼굴을 비벼 댔다. 코코도 좋은지 지수의 뺨을 할짝할짝 핥았다.

"아, 맞다! 아드리안! 아드리안을 깜빡했어."

대로가 갑자기 생각난 듯이 펄쩍 뛰며 자기 방으로 들어가서 급히 컴퓨터를 켰다. 대로는 세계 여러 나라의 친구들과 메일을 주고받고 채팅을 한다. 요즘에 대화를 자주 나누는 친구 중에는 인도네시아의 아드리안과 영국의 바리, 그리고 미국의 조이가 있다. 대부분 무료 펜팔 싸이트에서 사귄 친구들이다.

"오빠, 나와 봐."

대로가 아드리안과 한참 이야기를 나누고 있는데 지수가 급하게 대로를 찾았다.

"왜? 나 지금 바빠. 아드리안과 채팅하고 있어."

"아빠가 로키를 데려 오셨어!"

"뭐! 로키?"

대로는 아드리안에게 "wait!"를 남기고, 총알같이 방에서 튀어나왔다. 정말 아버지 옆에 로키가 떡 하니 앉아 있는 것이 아닌가.

"아빠, 어쩐 일로 로키를 다 데려오셨어요?"

로키는 할아버지가 키우시던 개다. 알래스칸 말라뮤트 종으로, 앉았을 때

키가 아버지 허리까지 올 만큼 덩치가 크다.

"할아버지가 돌아가신 뒤로 로키를 돌봐 줄 사람이 없어서 말이야. 할머니는 도저히 못 키운다고 하시지 뭐니."

"아니, 그래도 그렇지, 당신. 이렇게 큰 개를 어떻게 아파트에서 키우려고요."

옆에서 어머니가 진저리를 치자 아버지는 몹시 난처해하며 말했다.

"그럼 어떡하나. 어머니는 얼른 개를 치우라고 하시지. 그렇다고 아버지가 아끼시던 개를 함부로 팔지는 못하겠고."

"저희가 잘 돌볼게요. 걱정하지 마세요. 그렇지? 지수야."

"응, 오빠. 내가 코코를 돌볼 테니까 오빠가 로키를 책임져!"

"난 모르겠다. 개 한 마리 키우기도 힘든데 두 마리를 어떻게 키울지."

어머니는 고개를 설레설레 저으며 주방으로 들어갔다. 지수와 대로는 서로 눈을 찡긋하고, 코코와 로키를 얼싸안았다.

4 선생님 사랑해요!

"이런! 이런!"

아버지는 못마땅한 표정으로 신문을 식탁 위에 탁 내려놓았다.

"왜요? 아빠."

대로가 아빠의 눈치를 살피며 물었다.

"앞으로 스승의 날에는 학교 수업을 하루 쉬게 할지를 검토하겠다는구나."

"선생님들이 힘드시니까 하루 쉬시게 하려나 보죠?"

아버지는 고개를 저으며 한숨을 쉬었다.

"그러면 오죽 좋겠냐만 그렇지 않으니 문제지."

"그럼 왜 학교 수업을 안 한대요?"

대로는 고개를 갸웃거렸다. 좀처럼 이해되지 않는 눈치였다. 아버지는 한숨을 푹 내쉬며 말을 이었다.

"촌지 때문이야. 선생님들이 촌지를 받지 못하게 막으려는 뜻이지."

"촌지요? 아! 촌지가 그거잖아요. 선생님에게 드리는 돈 봉투."

대로는 초등학교 때 몇몇 극성스러운 어머니들이 선생님을 찾아와 흰 봉투를 주는 모습을 본 적 있었다. 당시에는 그 의미를 몰랐지만 좀 지나서 알게 되었다.

"촌지가 문제라면, 촌지를 받지 못하게 법으로 딱 정하면 될 텐데. 촌지를 받은 사람은 감옥에 집어넣는다. 탕탕!"

대로는 과장된 몸짓으로 판결을 내리는 시늉을 했다. 대로의 넉살에 아버지는 큰 소리로 껄껄 웃었다.

"본래 촌지란 감사와 정성을 표하는 돈이란다. 그런데 누구나 똑같이 촌지를 준비할 수 없잖니. 선생님은 촌지를 받았으니 좀 더 신경이 쓰일 테고. 아무리 아이들을 공평하게 대한다고 해도, 촌지를 주지 못한 아이들이나 부모는 선생님이 공평하지 못하다고 의심할 수도 있어. 그러다 보면, 선생님과 아이들 사이에 존경심이 사라지고, 의심과 비난만 남게 돼. 그래서 촌지를 막으려는 거야."

"그럼 선물은요? 선물은 괜찮아요?"

"글쎄다. 사실 옛날에도 '책거리'라고 해서 아이들이 책 한 권을 다 배우면, 부모들이 떡을 해서 서당에 가져갔어. 이 떡을 스승과 제자가 함께 먹으며 배움의 기쁨을 나누었지. 아빠가 생각하기에도 무조건 촌지를 막기보다 다른 방법으로 선생님에게 감사하는 편이 좋을 듯한데. 어떠냐? 대로 네가 생각해 보지 않으련?"

말을 마친 아버지는 시계를 흘낏 보더니, 벌떡 자리에서 일어났다.

"아이쿠, 늦었네. 대로 너도 얼른 학교 가렴."

"네, 다녀오세요! 엄마, 저 학교 다녀오겠습니다."

대로는 큰 소리로 인사하고 얼른 빵 한 조각을 입에 물었다. 그리고 서둘러 가방을 메고 집을 나섰다.

'스승의 날은 다다음주인데……'

대로는 학교 가는 내내 머릿속에 아버지의 말씀이 떠올랐다.

"그래, 한번 해 보자!"

대로는 갑자기 좋은 생각이라도 났는지 주먹을 불끈 쥐고 소리쳤다.

"영경아, 승면아, 수희야. 잠깐 얘기 좀 하게 남아 봐."

종례가 끝나고 선생님이 교실에서 나가자마자 대로는 세 사람을 불러 모았다. 집에 가려고 주섬주섬 가방을 챙기던 아이들은 의아한 표정으로 대로를 보았다. 영경이가 물었다.

"왜? 무슨 일 있어?"

"좋은 생각이 떠올랐거든. 같이 의논하려고."

부반장 영경이와 승면이, 총무 수희 그리고 반장인 대로까지 네 사람이 학급 임원이다. 학급 회의를 할 일이 생기면, 먼저 이 네 사람이 회의하고 그 다음에 학급회의를 연다. 학급회의를 빠르고 원활하게 진행하기 위한 준비 과정인 셈이다.

네 사람은 반 아이들이 모두 갈 때까지 기다렸다가 얘기를 나누기 시작했다.

"곧 있으면 스승의 날이잖아. 요새 학교마다 촌지가 문제가 되는 모양이야. 그래서 하는 말인데, 적어도 우리 반에서는 촌지 문제가 나오지 않게 스승의 날 특별 이벤트를 준비하면 어떨까?"

"음, 좋은 생각인데 딱히 떠오르는 게 없어."

아이들은 대로의 말이 갑작스러웠는지 쉽사리 의견을 내지 못했다. 서로 얼굴을 마주보며 고개만 갸웃거렸다. 대로가 조심스레 말을 꺼냈다.

"이건 어때? 선생님을 위한 작은 공연."

"공연?"

"그래. 교실을 공연장으로 꾸미고, 선생님을 위한 3학년 4반 깜짝 공연을 여는 거야. 각자 잘하는 것들 있잖아? 뭐, 글을 잘 쓰면 선생님에게 편지나 시를 써서 읽어 드릴 수도 있고. 애들 몇몇이 모여 합주를 할 수도 있고. 괜찮지?"

"그거 좋은데! 야, 나대로 역시 나대로다!"

승면이가 야단법석을 떨자 영경이가 승면이의 옆구리를 살짝 꼬집었다.

"시끄러, 김승면! 대로야, 나도 찬성이야."

"응, 나도 좋아. 그럼 내일 우리 반 아이들과 함께 의논해 보자."

수희도 고개를 끄덕이며 찬성했다. 대로는 다시 한 번 친구들에게 확인했다.

"자, 그럼 만장일치로 결정됐다. 모두 이의 없는 거지?"

"그래~."

다음 날, 대로와 학급 임원들은 학급 회의를 열어 반 아이들에게 대부분 찬성을 얻어 냈다. 공부밖에 모르는 순종이를 포함한 몇몇은 인상을 찡그리며 "학원을 가야 한다.", "공부에 방해 된다", "성가시고 귀찮다."고 반대했지만 결국 과반수가 찬성한 대로 따를 수밖에 없었다.

"각자 공연에 참가할 특기와 혼자 공연할지, 함께 모여 할지 정해서 알려 줘."

전반적인 공연 진행을 맡은 영경이가 큰 소리로 말했다. 옆에서 무대 준비를 맡은 승면이도 말했다.

"무대 준비를 도울 사람들은 나한테 와!"

승면이의 말이 끝나자 총무 수희가 안경을 치켜 올리며 말했다.

"이달 학급비는 전달보다 두 배 더 받을 예정이야. 선생님에게 드릴 카네이션과 선물을 사야 하거든. 간단한 다과도 준비할 테니 그렇게 알아."

대로는 이 모습을 흐뭇하게 바라보았다. 자신의 의견을 존중하고, 신속하고 정확하게 추진하도록 도와주는 친구들이 몹시 고마웠다.

"애들아, 우리 선생님이 행복해서 기절하실 정도로 만들어 드리자."

대로가 반 친구들을 향해 엄지를 번쩍 치켜들자, 아이들은 너도 나도 따라 엄지를 번쩍 치켜들었다.

"당연하지! 두고 보라고."

5월 15일, 대로와 친구들은 아침 일찍 교실에 모였다. 아이들은 전날까지 준비한 소도구를 이용해 교실을 깜짝 공연장으로 감쪽같이 바꾸어 놓았다.

"자, 이제 선생님만 오시면 돼."

"폭죽 팀 준비됐지?"

"오케이!"

잠시 뒤, 드르륵 문이 열리고 담임선생님이 들어왔다.

"뻥! 뻥! 뻥!"

폭죽이 터지고, 아이들은 입 모아 큰 소리로 외쳤다.

"선생님, 고맙습니다! 사랑해요!"

난데없는 폭죽 세례에 깜짝 놀란 선생님은 몰라보게 바뀐 교실을 보고 어리둥절했다.

"아니, 얘들아. 이게 대체 뭐니?"

대로가 반 아이들을 대표해 앞으로 나섰다.

"선생님, 선생님을 위해 저희가 깜짝 공연을 준비했어요. 지금부터 여기 앞으셔서 저희가 정성껏 준비한 공연을 즐겨 주세요."

대로는 미리 준비한 의자로 선생님을 안내했고, 영경이와 수희가 선생님에게 음료수와 다과를 준비해 드렸다. 대로는 종이를 둘둘 말아 가짜 마이크 시늉을 내며 사회를 보기 시작했다.

"이제부터 '선생님, 사랑해요!' 공연을 시작하겠습니다. 자, 첫 번째 순서입니다. 클래식 기타 팀이 연주합니다. Thank you!"

"와아아!"

우레와 같은 박수와 함께 클래식 기타 연주가 시작되었다. 평소 클래식 기타 동아리 활동을 하던 아이들이라 연주 실력이 아주 빼어났다. 감미로운 클래식 기타가 끝나자, 플루트와 바이올린 협주가 뒤를 이었다. 하모니카와 오카리나 연주를 하는 아이들도 있었고, 직접 쓴 편지와 시를 낭독하는 아이들도 있었다.

"마지막 공연입니다. '스승의 은혜'를 저희 모두 함께 부르겠습니다."

대로가 말을 마치자 반 아이들이 우르르 선생님 주위를 빙 둘러 섰다. 대로는 직접 준비해 온 키보드를 꺼내 아이들 가운데 자리를 잡았다.

"선생님, 저희를 이끌어 주셔서 감사합니다. 앞으로 남은 시간도 잘 부탁드립니다."

대로는 선생님에게 꾸벅 인사하고, 키를 잡았다. 어릴 때부터 피아노를 쭉 쳐 왔던 터라 키보드 연주쯤은 식은 죽 먹기였다. 반 아이들은 대로의 반주에 맞춰 노래를 부르기 시작했다.

> 스승의 은혜는 하늘 같아서
> 우러러 볼수록 높아만 지네.
> 참되거라 바르거라

가르쳐 주신

스승의 은혜는 어버이시다.

아아아, 고마워라 스승의 은혜

아아아, 보답하리 스승의 은혜

합창이 끝나자 대로는 키보드에서 손을 떼고 말했다.

"이상 저희가 준비한 모든 공연을 마칩니다."

그때까지 묵묵히 공연을 보던 선생님이 자리에서 일어났다. 선생님은 눈물이 글썽글썽한 눈으로 아이들을 돌아보았다.

"오늘, 선생님은 생애 가장 큰 선물을 받았다. 오늘 공연을 평생 잊지 못할 것 같구나."

선생님은 잠시 숨을 가다듬었다. 그리고 빙그레 웃었다.

"고맙다. 내가 너희 선생님이라 진심으로 기쁘고 행복하단다. 얘들아, 사랑한다!"

"선생님, 사랑해요!"

순간 아이들은 더 참지 못하고 우르르 선생님에게 달려들었다. 아이들과 선생님은 얼싸안고, 벅찬 감동을 함께 나누었다. 굳이 말하지 않아도 마음과 마음으로 통하는 순간이었다.

5 싸우고 얻은 소중한 친구

"아야! 억!"

학교 뒤에서 아이들 일곱 명이 한 아이를 둘러싸고 가차 없이 발길질을 하고 있었다. 마침 그 옆을 지나던 대로는 맞는 아이가 누구인지 보고 눈이 확 뒤집혔다.

"야! 니들 뭐 하는 거야? 그만두지 못해!"

땅바닥에 웅크린 채 애처롭게 맞고 있는 아이는 바로 윤식이었다. 윤식이는 몸이 몹시 약한 아이였다. 낯가림이 심해 친구들과도 잘 어울리지 못했고, 말을 심하게 더듬었다. 그래서 아이들에게 쉽게 따돌림이나 괴롭힘을 당하곤 했다. 대로는 윤식이와 초등학교 때 같은 반이 된 적이 있었다. 그때, 대로는 늘 쭈뼛거리며 제 할 말조차 못하는 윤식이가 답답해 대놓고 무시하기도 했다. 그러나 윤식이가 누구보다 마음씨가 착하고 여린 아이라는 사실을 안 뒤로는 항상 윤식이 편을 들며 사이좋게 지내왔다.

"이 자식들! 당장 윤식이한테 떨어져!"

대로는 씩씩거리며 아이들에게 달려들었다. 그러자 가장 덩치가 큰 아이가 대로를 힐끗 쳐다보았다.

"네가 뭔데 참견이야? 너까지 맞기 싫으면 얼른 꺼져!"

대로는 직감적으로 이 아이가 우두머리라고 느꼈다. 이 아이를 쓰러뜨리면 다른 아이들은 자연히 물러서게 될 터. 대로는 고개를 빳빳이 들고 맞섰다.

"윤식이가 뭘 잘못했는데? 어서 사과해!"

"건방진 자식, 좋아, 한 판 붙자. 덤벼!"

"후우, 진심이야?"

대로는 숨을 깊이 들이마셨다. 울컥하는 감정을 다스리고, 평상심을 유지하려는 까닭이었다. 그러나 덩치 큰 아이는 손가락을 까닥까닥하며 계속 대로를 도발했다.

"잔말 말고 덤벼. 왜? 이제 와서 겁나냐, 응?"

"나, 너희랑 싸우기 싫거든."

"됐거든. 야, 이 자식 도망 못 가게 막아."

덩치 큰 아이가 신호를 보내자 아이들이 대로의 주변을 에워쌌다. 앞니가 툭 튀어 나온 아이가 대로의 왼편에서 깐죽댔다.

"괜히 폼 잡지 말고 무서우면 무섭다고 해."

오른편에 선 더벅머리 아이도 빈정댔다.

"야 인마, 무릎 꿇고 싹싹 빌면 용서해 주지. 어때? 맞고 할래, 지금 할래?"

대로는 대답하지 않았다. 곁눈질로 아이들과 얼마만큼 떨어져 있는지 거리를 가늠하며 오른발을 살짝 뒤로 뺐다. 대로가 묵묵부답이자 덩치 큰 아이는 버럭 성을 냈다.

"에잇! 짜증나, 너 이 자식 지금 나랑 장난해?"

덩치 큰 아이는 대뜸 주먹을 날렸다. 순간, 대로는 왼손을 올려 날아오는 주먹을 막고, 오른손으로 아이의 얼굴을 가격했다.

"으헉!"

덩치 큰 아이는 볼을 쥐고 대로를 노려보았다. 잔뜩 약이 올랐는지 두 눈이 이글이글 불타올랐다.

"너 이 자식, 가만두지 않겠어!"

덩치 큰 아이는 짐승과도 같은 포효를 내지르며 대로에게 덤볐다. 하지만 대로는 요리조리 스텝을 밟으며 아이의 공격을 피했고, 빈틈이 생길 때마다 주먹을 강하게 내질렀다.

"아야야!"

결국 덩치 큰 아이는 코피를 흘리며 주저앉고 말았다. 그때까지 팔짱 끼고 멀뚱멀뚱 바라보던 다른 아이들은 의외라는 듯 눈이 휘둥그레졌다.

"너희들, 또다시 윤식이를 괴롭히기만 해 봐. 그때는 코피로 안 끝날 테니까! 가자, 윤식아."

대로는 단단히 으름장을 놓고, 윤식이를 부축했다. 아이들에게 맞아 얼굴이 퉁퉁 부은 윤식이를 보자 마음이 몹시 아팠다.

"윤식아. 다음에는 맞고만 있지 말고 큰 소리로 날 불러."

윤식이는 희미하게 미소를 지었다. 대로는 몸도 마음도 다친 윤식이를 달래고 싶었다. 윤식이를 부축해 걸어가는 내내 대로는 잠시도 입을 다물지 않았다.

"윤식아, 너도 나처럼 태권도 배워 볼래? 얍! 얍! 얼마나 재미있는지 몰라. 난 유치원 때부터 태권도 도장을 다녔는데 말이야. 사범님이 완전 호랑이야.

품새가 조금만 틀려도 도장 바닥을 데굴데굴 굴리지 않겠어. 그래도 사범님 덕분에 태권도를 잘하게 됐어. 지금 나 태권도 3품이다. 애들은 부러워하는데 내가 이만큼 하기까지 얼마나 힘들었다고. 너도 태권도를 배우면 내 마음을 알 거야."

정신없이 떠들다 보니 어느새 윤식이네 집 앞에 이르렀다. 대로는 윤식이가 무사히 집 안으로 들어가는 모습을 확인하고 발길을 돌렸다.

'어째서 윤식이처럼 착한 아이가 이유 없이 맞아야 하지?'

대로는 주먹을 불끈 쥐었다. 어떤 경우든 힘없는 사람을 함부로 때리는 일을 용납할 수 없었다. 태권도 사범님도 말했다.

"태권도를 배우는 목적은 자기 몸을 지키고, 약한 사람을 지키는 데 있다. 결코 마음대로 주먹을 휘두르라고 태권도를 배우는 게 아니다."

대로는 사범님의 말씀을 가슴 깊이 새기고, 언제나 몸가짐을 조심해 왔다. 약한 사람을 지키고, 강한 사람에게 비굴하지 않는 당당함이 바로 태권도를 배우는 대로의 긍지였다.

다음 날 아침이었다. 대로는 늘어지게 하품을 하며 등교하고 있었다. 그때, 누가 대로의 어깨를 툭 쳤다.

"야!"

돌아보니 어제 대로와 맞붙었던 덩치 큰 아이였다. 아이는 겸연쩍게 웃었다.

"너 어제 보니까 싸움 좀 하던데. 마음에 들었어."

그리고 대로에게 오른손을 쓱 내밀었다.

"난 태승이야. 윤태승. 너 나랑 친구할래?"

대로는 태승이가 내민 손을 힐끔 보더니 바로 고개를 돌렸다.

"미안하지만, 난 약한 아이를 때리는 애랑 친구하지 않아."

　태승이는 뒷머리를 긁적이며 씩 웃었다.

　"뭐, 네가 그렇게 말하면 어쩔 수 없지. 알았어. 앞으로 애들을 괴롭히지 않을게."

　대로는 그제야 태승이를 똑바로 바라보았다. 여전히 손을 내밀고 있는 태승이를 보니 마음이 움직였다. 대로는 태승이의 손을 잡으며 말했다.

　"한 입으로 두 말하기 없다. 너, 나랑 약속했어."

　"응."

　두 아이는 서로 손을 힘껏 잡고 마주 웃었다. 대로는 이를 훤히 드러내고 웃는 태승이가 마음에 들었다. 싸우고 얻은 친구, 태승이. 대로는 태승이가 정말 좋은 친구가 되리라는 예감이 들었다.

뜻깊은 봉사활동

"대로야. 잠깐 얘기할 수 있어?"

수업이 끝나 집으로 가려던 대로를 영경이가 불러 세웠다. 영경이 옆에는 유나가 서 있었다.

"응? 무슨 일이야?"

"유나가 그러는데, 이번 주 토요일에 부평 보육원으로 봉사활동을 갈 거래. 생각 있으면 함께 가자고 하네."

"봉사활동?"

유나가 방긋 웃으며 대답했다. 유나는 얼굴이 희고, 웃는 모습이 아주 예쁜 아이다.

"내가 아는 분이 한 달에 한 번 보육원으로 봉사하러 가셔. 주로 아이들과 놀아 주고, 이것저것 챙겨 주시지. 이번에는 아이들을 위해 특별한 이벤트를 열고 싶다고 나더러 플루트 연주를 해 줄 수 있냐고 물어 보셨어. 좋은 일이라서 뜻있는 친구들이랑 함께 갔으면 해. 대로 너도 함께 가지 않을래?"

대로는 문득 벼룩시장에서 보았던 봉사 동아리가 떠올랐다. 그때 '천사들의 합창' 동아리 아이들은 물건을 팔아 모은 돈으로 보육원이나 양로원에서 봉사활동을 한다고 했다.

"좋은 생각이야, 누구누구 갈 거야?"

"음, 내가 플루트를 불고, 영경이가 바이올린을 켜기로 했어. 수희는 오카리나, 승면이와 준호는 기타를 연주한대. 대로 너는 지난번처럼 키보드를 맡으면 어떨까?"

"기타와 키보드 합주 괜찮지, 다른 애들은 없어?"

영경이와 유나가 함께 고개를 절레절레 저었다.

"다른 애들은 주말에도 학원가야 한다고 안 된대."

"그렇구나. 난 좋으니까 갈래. 이번 주 토요일 몇 시야?"

"아침 아홉시에 학교 앞에서 만나서 갈 거야."

"그 전에 승면이랑 준호랑 연주를 맞춰 봐야겠네. 알았어. 그럼 나 볼일 있어서 먼저 간다. 내일 봐."

대로는 영경이와 유나에게 인사하고 교실을 빠져 나왔다. 태권도장에 가야 해서 마음이 급했다. 그때 뒤에서 대로를 부르는 소리가 들렸다.

"야, 나대로. 같이 가자!"

태승이었다. 태승이는 싱긋 웃으며 대로의 어깨를 툭 쳤다.

"어딜 그렇게 급히 가나?"

"응, 오늘은 태권도장 가는 날이거든. 사범님이랑 대련하기로 했어."

태승이는 눈이 휘둥그레져서 물었다.

"와우, 나대로 너 은근히 이것저것 많이 한다. 듣자 하니 너 피아노도 잘 친다며. 스승의 날 때 키보드를 아주 멋들어지게 연주했다고 하더라. 태권도야 그때 널 보고 잘하는 걸 알았지만……."

태승이는 처음 대로를 만난 날이 떠올라 말꼬리를 흐렸다. 그때를 생각하면 아직도 머쓱했다. 대로도 눈치를 채고 재빨리 말을 돌렸다.

"에이, 요새 악기 하나 다루지 못하는 애가 어디 있냐. 나도 어릴 때부터 피아노를 배웠으니까 치는 거지. 그리고 나보다 태권도를 잘하는 애들이 얼마나 많은데."

"겸손하기는. 넌 잘하는 게 많아서 좋겠다. 게다가 주말이면 벼룩시장에 나가서 장사도 한다던데. 그럼 넌 공부는 언제 하냐? 학원 안 다녀?"

"응, 날마다 저녁 먹고 혼자 예습이랑 복습을 해. 태권도장과 피아노 학원은 내가 좋아하니까 다니고. 난 순종이처럼 공부만 하고는 못 살거든."

"순종이? 아, 맹순종. 전교 1등? 야야, 걔는 공부만 하느라 친구가 없다던데? 그렇게 공부하면 재미있나. 난 모르겠다."

태승이 말대로 순종이는 공부벌레로 유명했다. 학교와 학원 공부만으로 부족해서 유명 과외까지 받으러 다닌다고 했다. 온종일 책을 보고 공부하느라 바빠서 친구들과 놀기는커녕 전화 한 통 할 틈도 없다고 하니 그야말로 공부밖에 모르는 아이다. 대로는 그런 순종이가 참 대단하다고 생각하지만, 순종이처럼 공부할 생각을 하면 숨이 턱 막혔다. 태승이가 한 마디 더 했다.

"순종이만큼 공부를 잘하진 못해도 춤이라면 자신 있는데. 에잇."

대로는 귀가 솔깃했다.

"춤? 태승아, 너 춤추니?"

"아, 대로는 모르는구나. 나 전학 오기 전에 비보이 팀에 있었어. 이래봬도 나 꽤 잘 춘다고."

태승이는 어깨를 으쓱대며 리듬을 타는 시늉을 했다. 대로는 옳다구나 싶었다.

"태승아, 이번 주 토요일에 우리 반 친구들이랑 보육원으로 위문 공연 가기로 했거든. 너도 같이 갈래? 네가 비보이 무대를 보여 주면 신나고 좋을 텐데."

태승이는 선선히 고개를 끄덕였다.

"응, 좋아. 그쯤이야 누워서 떡 먹기지. 안 그래도 요새 춤을 안 췄더니 몸이 근질근질했거든. 토요일 몇 시야?"

"아홉 시. 학교 앞에서 보기로 했어."

"토요일 아침 아홉 시, 학교 앞. 오케이!"

"야! 저기 호영 아저씨가 오신다."

유나가 은색 봉고차를 손가락으로 가리키며 소리쳤다. 곧 은색 봉고차가 아이들 앞에 섰고, 맘이 좋아 보이는 아저씨가 차에서 내렸다.

"안녕하세요!"

"안녕, 얘들아. 일찍 나오느라 힘들었지?"

호영 아저씨는 직접 봉고차의 옆문을 열어 주었다. 유나가 호영 아저씨에게 아이들을 차례로 소개했다.

"얘는 바이올린 켜는 영경이고요. 얘가 오카리나를 부는 수희예요. 얘랑 얘는 기타를 연주하는 승면이랑 준호고. 얘가 저희 반 반장인 대로예요. 오늘 키보드를 연주할 거예요."

유나가 태승이를 보고 머뭇거리자 대로가 재빨리 말을 이어 받았다.

"이쪽은 태승이에요. 저희 반 친구는 아닌데 함께 봉사활동하고 싶어 해서 데려왔어요."

"안녕하세요? 윤태승입니다."

태승이는 넉살 좋게 꾸벅 인사했다. 호영 아저씨는 빙그레 웃으며 말했다.

"그래, 모두 바쁜데 와 줘서 고맙구나. 자, 어서 타렴. 부평 태양보육원으로 출발하자."

"부평이요? 여기서 부평이 먼가요?"

영경이가 차에 오르면서 물었다. 그러자 옆에서 승면이가 야단스럽게 떠들었다.

"난 부평 가 봤는데! 우리 이모가 거기 사시잖아. 꽤 멀더라. 전철 타고 한참 가야 해."

"승면이 말대로 전철 타고 가면 구로 쪽으로 빙 돌아서 가야 하니까 꽤 멀지. 하지만 아저씨처럼 차를 타고 가면 외곽순환도로로 바로 질러 갈 수 있단다. 그럼 슬슬 가 볼까?"

"네!"

은색 봉고차는 외곽순환도로를 한참 달려 부평IC에서 빠졌다. 그리고 번화가에서 벗어나 후미진 길을 한참 더 달렸다.

"얼마나 더 가야 해요?"

하염없이 차를 타고 가기가 지루했는지 준호가 물었다. 호영 아저씨는 손가락으로 앞을 가리켰다.

"다 왔단다. 저 앞에 빨간 지붕이 보이지? 저기야."

잠시 뒤, 은색 봉고차는 태양보육원이라는 팻말이 붙은 건물 앞에 멈췄다. 아이들은 차에서 내려 보육원 건물을 보고 입을 딱 벌렸다.

"우아, 건물 진짜 예쁘다."

"응, 꼭 펜션 같아!"

보육원이라고 해서 우중충한 건물을 상상했는데 정반대였다. 태양보육원은 아기자기한 예쁜 건물과 큼직한 운동장으로 이루어졌다. 운동장 왼쪽 편에는 널따란 밭이 있었다. 밭에는 상추며 고추며 온갖 채소가 싱싱하게 자라고 있었다. 아이들은 보육원이 아니라 잘 가꾼 농원에 온 기분이 들었다.

"아저씨, 여기 진짜 좋은데요."

"봉사하러 온 게 아니라 초대받아 온 것 같아요."

아이들은 잔뜩 들떠서 야단법석이었다. 그때 작업복을 입은 아저씨와 앞치마를 두른 아주머니가 옷에 묻은 먼지를 털며 수선스레 일행을 맞아 주었다.

"어서 오세요. 애들아, 오느라 고생 많았지? 반갑구나."

호영 아저씨는 아저씨, 아주머니와 인사를 나눈 뒤, 아이들에게 인사를 시켰다.

"애들아, 인사드리렴. 이분이 원장 선생님이시고, 이분은 보모 아주머니란다."

호영 아저씨는 오래 전부터 태양보육원에 자원봉사를 다녔다고 했다. 당시 어떤 교육기관에서 호영 아저씨에게 태양보육원 아이들을 위한 경제교육을 부탁해서 찾아왔다가 인연을 맺었다고 한다.

"안녕하세요!"

아이들은 큰 소리로 인사했다. 원장님은 일일이 아이들과 악수를 하며 이름을 물어보았다. 그리고 잊어버리지 않으려는 듯 아이들의 이름을 중얼중얼 외웠다. 보모 아주머니가 환하게 웃으며 말했다.

"아이들이 기다리고 있으니 어서 가자."

건물 뒤편으로 가니 푸릇푸릇한 잔디밭이 있고, 예쁜 무대가 마련되어 있었다. 아이들은 무대 앞에 질서정연하게 앉아 도란도란 이야기를 나누고 있었다. 하나같이 밝고 활기찬 모습이었다. 보모 아주머니가 무대 위에 올라가 대로와 친구들을 소개했다.

"오늘 우리 태양보육원 가족들에게 좋은 연주를 들려줄 귀한 손님이 찾아왔어요. 자, 반갑게 맞아 주세요."

"와아아!"

우레와 같은 박수가 쏟아졌다. 먼저 영경이와 유나가 무대 위로 올랐다.

"반갑습니다. 부족하지만 즐거운 시간 되세요."

유나가 눈짓을 보내자 영경이가 먼저 바이올린을 켜기 시작했고, 이어 유나가 플루트를 불었다. 두 사람의 바이올린과 플루트 협주는 그야말로 환상이었다. 아이들은 아름다운 연주에 넋을 잃었고, 연주가 끝나자 저마다 목소리 높여 앙코르를 외쳤다. 영경이와 유나는 겸연쩍어하면서 다른 곡을 연주했고, 뜨거운 박수를 받으며 무대에서 내려왔다. 유나가 들뜬 목소리로 말했다.

"음악제에서 상 받을 때보다 더 기쁘고 벅차!"

영경이도 고개를 끄덕였다.

"응, 이렇게 좋아하리라고는 생각도 못했는데……."

사실 대로와 친구들은 보육원 아이들이 무척 우울하고 의기소침할 줄 알았다. 부모 없이 자랐으니 당연히 자신감도 없고, 내성적일 거라고 생각했는데 막상 와 보니 전혀 달랐다. 보육원 아이들은 정말 순수하고 씩씩했다. 환히 웃는 아이들의 얼굴에는 한 점의 그늘도 보이지 않았고 목소리는 크고 밝았다. 대로와 친구들은 보육원 아이들을 보며 도리어 큰 격려와 응원을 받는 기분이 들었다.

그 다음은 수희 차례였다. 수희는 홀로 오카리나를 불었다. 오카리나 특유의 가늘고 고운 소리가 공연장에 가득 울려 퍼졌다. 수희에 이어 대로와 승면이, 준호가 무대에 섰다. 대로가 먼저 키보드 연주를 시작하자 승면이와 준호가 기타 연주로 따라왔다. 흥겨운 연주에 아이들은 누가 시키지도 않았는데 손뼉을 치며 즐거워했다. 그 모습을 본 무대 위의 아이들도 신이 나서 더욱 열심히 연주를 했다. 결국 예정한 곡보다 무려 세 곡이나 더 연주하고서야 끝났다.

대로는 흥분된 목소리로 태승이에게 말했다.

"마지막은 태승이야. 태승아, 멋있게 파이팅!"

태승이는 무대 가운데 자리를 잡고 포즈를 취했다. 곧 비트가 강한 음악이 흘러 나왔고, 태승이는 박자에 맞춰 몸을 까닥까닥했다. 그리고 크게 스텝을 밟으며 묘기나 다름없는 브레이크댄스를 선보였다.

"우아!"

보육원 아이들은 눈이 휘둥그레져서 정신없이 태승이의 춤에 빠져들었다. 태승이가 새로운 동작을 할 때마다 손뼉을 치고, 크게 소리를 질렀다. 대로와 다른 친구들도 태승이가 춤추는 모습을 처음 보는 거라 잠시도 눈을 떼지 못했다.

"멋지다! 윤태승, 최고다! 윤태승."

태승이는 어려운 동작들을 잇달아 멋지게 해 냈고, 누구보다 많은 박수와 환호를 받으며 무대에서 내려왔다. 대로는 태승이에게 다가가 장난스럽게 어깨를 툭 쳤다.

"태승아, 너 다시 봤다. 이런 재주가 있었네."

"뭘, 이쯤이야 별거 아니지."

태승이는 손 부채질을 하며 싱긋 웃었다. 그때 보모 아주머니가 무대 위에 올라 마이크를 잡았다.

"우리에게 좋은 공연을 보여 준 친구들을 다시 불러 보겠습니다. 친구들, 나오세요!"

보모 아주머니는 대로와 친구들을 향해 손짓했다. 보육원 아이들은 큰 소리로 "나와라!"를 외치며 손뼉을 쳤다. 대로와 친구들이 무대 위로 다시 오르자 우레와 같은 함성이 터졌다. 보모 아주머니가 말했다.

"오늘 멋진 공연을 보여 준 친구들에게 고맙다고 인사할까요? 자, 하나, 둘, 셋!"

"고맙습니다!"

보육원 아이들은 일제히 소리쳤다. 순간, 대로와 아이들은 가슴이 뜨겁게 벅차오르고, 목이 메었다.

'오늘 태양보육원에 와서 참 다행이야.'

대로는 눈물이 글썽글썽한 눈으로 보육원 아이들을 두루 바라보았다. 그리고 대표로 보모 아주머니에게 마이크를 받아 보육원 아이들에게 인사했다.

"저희야말로 오늘 귀한 경험을 했어요. 부족한 저희를 응원하고 환호해 주셔서 고맙습니다. 정말 고맙습니다."

인사를 마친 대로는 친구들과 나란히 서서 모두 손을 잡았다. 그리고 친구들과 눈짓을 주고받은 뒤 노래를 부르기 시작했다. '섬 집 아기'라는 동요였다.

엄마가 섬 그늘에 굴 따러 가면,

아가는 혼자 남아 집을 보다가,

파도가 들려주는 자장 노래에

팔 베고 스르르르, 잠이 듭니다.

보육원 아이들도 노래를 따라 불렀다. 보모 아주머니와 원장님, 보육원 선생님들도 함께 노래했다. 모두 눈시울이 붉어졌고, 때때로 눈가를 훔치기도 했다. 짧았지만 뜻깊은 만남이 고마웠고 헤어짐이 아쉬웠기 때문이었다. 대로와 친구들은 노래가 끝나자 다시 한 번 보육원 아이들에게 인사하고 무대에서 내려왔다. 무대 아래에서 호영 아저씨가 빙그레 웃으며 아이들을 맞았다.

"고생했다. 너희들 덕분에 오늘 태양보육원 아이들은 잊지 못할 추억을 만들었어. 고맙다."

"별 말씀을요. 저희가 더 오늘 일을 잊지 못할 거예요."

원장님도 호영 아저씨 옆에서 빙긋이 웃었다.

"이 또한 인연인데, 어때? 공연이 끝났으니 보육원을 둘러보지 않으련?"

"좋아요!"

대로와 친구들은 원장님을 따라 보육원 곳곳을 둘러보았다. 어떤 방에는 아직 어려 기저귀를 찬 채 기어다니는 아기들이 있었고, 또 어떤 방에는 마음을 다쳐 사람들과 어울리지 못하는 어린아이들도 있었다. 대로와 친구들은 가슴이 아파 말을 제대로 하지 못했다. 보육원을 다 둘러보고 나왔을 때, 대로와 친구들은 모두 눈이 빨개졌다. 호영 아저씨가 물었다.

　"저 아이들을 보니, 어떤 생각이 드니?"

　영경이가 말했다.

　"참 예쁘고 귀여워요. 그래서 안쓰럽기도 하고……."

　영경이가 말을 채 잇지 못하자 유나가 나섰다.

　"저 아이들을 돕고 싶어요. 제가 할 수 있는 힘껏."

　대로와 다른 아이들도 한 마디씩 했다. 호영 아저씨는 아이들을 흐뭇하게 바라보았다.

　"너희가 오늘 느낀 마음을 잊지 않았으면 좋겠구나. 그럼 이제 집으로 돌아갈까?"

　"네!"

　원장님과 보모 아주머니, 다른 선생님들과 보육원 아이들이 모두 나와 집으로 가는 길을 배웅했다.

　"안녕, 또 와!"

　보육원 아이들과 대로와 친구들은 힘껏 손을 마주 흔들며 아쉬운 작별 인사를 나누었다. 보육원 아이들은 대로와 친구들이 탄 은색 봉고차가 시야에서 사라질 때까지, 대로와 친구들은 보육원 시설이 보이지 않을 때까지 뒤돌아 손을 흔들었다. 서로 가슴속에 잊지 못할 추억을 가득 담고.

7
한국을 찾은 바리와 아드리안

"그게 다 뭐니?"

어머니는 방 안 가득 여러 책을 펼쳐 놓고 살펴보는 대로를 보고 물었다.

"아, 이거요? 외국에서 친구들이 놀러 오면 여기저기 안내해 주려고요."

"외국에서 친구들이 오다니, 누구?"

"아, 제가 해외 펜팔로 사귄 친구들이에요. 이메일을 주고받거나 화상채팅을 해서 친해졌거든요. 애들 사진이 어디 있더라."

대로는 컴퓨터 앞에 앉더니 사진 파일 세 장을 열었다.

"보세요. 얘가 인도네시아에 사는 아드리안이고요. 얘가 영국에 사는 바리, 얘는 미국에 사는 조이예요. 아드리안은 국가 대표 피겨 스케이팅 선수가 꿈이에요. 바리는 한국어를 배워요. 나중에 한국어 선생님이 되고 싶대요.

조이는 컴퓨터 게임을 만드는 프로그래머가 꿈이고요."

대로는 사진 속 아이들을 하나씩 가리키며 설명했다. 어머니는 흡족한 미소를 띠었다.

"우리 아들 정말 대단한데! 애들이랑 다 영어로 얘기해?"

"그럼요."

어머니는 남들처럼 영어 학원이나 어학연수를 보내지 않은 대로가 늘 걱정이었다. 그러나 대로는 시키지 않아도 스스로 영어를 익히고 외국인 친구들을 사귀고 있었다. 얼마나 기특한지 몰랐다.

"이 아이들이 다 오는 거니? 어쩐 일로 온대?"

"아, 이번 여름방학에는 바리와 아드리안이 와요. 둘 다 한국에 관심이 많아서 전부터 계속 오고 싶어 했거든요. 조이는 시간이 안 맞아서 못 오고요. 안 그래도 말씀드리려고 했는데, 얘들이 오면 우리 집에서 재워도 돼요?"

"되고말고, 언제 오니?"

"열흘 뒤에 입국해요. 바리가 오면 제가 서울 곳곳을 안내하기로 약속했어요. 그래서 박물관이나 고궁 등에서 영문 안내서를 많이 가져다 놓았어요. 인터넷에서 자료를 다운받아 놓기도 했고요. 바리를 만나면 영어로 술술 설명해 줘야죠."

"그래, 알았다. 아빠하고 지수에게도 얘기해 놓으마."

"고마워요, 엄마."

대로는 엄마가 적극적으로 도와주셔서 너무도 고마웠다.

"넌 여기 있어. 난 7번 게이트로 가서 아드리안을 기다릴 테니까. 바리 사진하고 피켓 챙겼지?"

"응, 오빠."

"바리를 만나면 핸드폰으로 전화해."

오늘은 기다리던 아드리안과 바리가 입국하는 날이다. 대로는 지수와 함께 아드리안과 바리를 맞으러 공항에 마중을 나왔다. 어머니와 아버지는 조금 후에 아이들을 데리러 오기로 했다.

"아드리안과 바리가 도착하는 시간이 얼추 맞아서 다행이야."

대로는 아드리안의 이름이 적힌 피켓을 들고 7번 게이트로 갔다. 지수와 달리 대로는 아드리안과 오랫동안 화상 채팅을 해서 사진이 필요 없었다.

얼마나 기다렸을까. 게이트가 열리고 아드리안이 트렁크를 끌고 나타났다. 대로는 아드리안을 한눈에 알아보고 피켓을 흔들었다.

"아드리안, 여기야. 여기!"

아드리안도 대로를 알아보고 손을 흔들었다.

"네가 대로구나. 야, 실제로 보니까 더 반갑다."

"응, 나도 반가워. 조금 있으면 바리도 올 거야."

대로가 아드리안과 유창하게 영어로 이야기하는데 핸드폰이 울렸다. 지수였다.

"오빠, 바리가 왔어. 얼른 와!"

"알았어. 금방 갈게."

대로는 아드리안과 7번 게이트로 가서 바리를 만났다. 대로와 아드리안, 바리는 함께 오랫동안 화상 채팅을 한 덕분에 처음 만났는데도 전혀 서먹하지 않았다. 오히려 오랜 친구를 만난 듯 친근하고 편했다. 대로는 아드리안과 바리를 지수에게 소개하고 공항 출구 쪽으로 이동했다. 잠시 뒤, 부모님이 아이들을 데리러 왔다.

"너희가 바리와 아드리안이니?"

어머니가 눈을 동그랗게 뜨고 물었다. 바리와 아드리안은 서툰 한국어로 인사했다.

"아녕하세여."

그 모습이 기특했는지 아버지가 흐뭇한 미소를 지었다.

"멀리까지 오느라 힘들었을 텐데 어서 집으로 가자. 일단 짐을 풀어야지."

"네! 자알 부탁드리케여."

"우아, 저 불상 좀 봐. 어마어마하다!"

바리와 아드리안이 탄성을 질렀다. 옆에서 대로가 웃으며 설명했다.

"정말 크지? 우리나라뿐만 아니라 동양에서도 가장 큰 불상이래. 청동으로 만들어졌고, 높이가 15미터나 된대. 앉아 있는 모습이라 더 커 보이는 듯 해."

바리와 아드리안, 지수가 고개를 끄덕였다. 아버지는 대로가 설명할 내용을 미리 준비해 온데다 영어로 술술 이야기하니 여간 대견하지 않았다.

"그래, 맞다. 대로가 잘 알아왔구나."

오늘 아버지는 모처럼 시간을 내어 아이들을 데리고 설악산을 찾았다. 멀리서 한국을 찾아온 바리와 아드리안에게 한국의 대표 명산을 보여 주고 싶었기 때문이었다. 아버지는 불상을 가리키며 부연설명을 했다.

"이 큰 불상은 1987년부터 1997년까지 10년 동안 남북통일을 바라는 마음을 담아 정성껏 만들었단다. 그래서 통일 대불이라고 하지."

아버지의 설명을 들은 네 아이는 경건한 마음으로 불상을 올려다보았다. 자비로운 미소에 절로 숙연한 기분이 들었다. 지수가 작게 중얼거렸다.

"난 이산가족을 잘 모르지만 어쨌든 빨리 통일이 되면 좋겠어."

아버지는 네 아이가 신흥사를 어느 정도 둘러보자 흔들바위로 데려갔다. 흔들바위로 가는 길은 비교적 평탄해서 걷기가 편했다. 1시간 남짓 걸었을까. 아버지가 손가락으로 앞을 가리켰다.

"저기 작은 암자 보이지? 저기가 계조암이야. 그 앞에 있는 바위가 바로 흔들바위고."

"와아!"

아버지의 말이 끝나자마자 네 아이는 우르르 흔들바위 앞으로 달려갔다. 바리가 물었다.

"진짜 흔들릴까?"

"밀어 보면 알겠지. 바리, 밀어 봐. 대로 너도 밀어."

아드리안이 가장 먼저 흔들바위를 밀며 말했다. 바리와 대로도 따라 밀었다. 지수도 질세라 끼어들었다.

"이얍!"

네 아이는 괴상한 기합을 지르며 흔들바위를 힘껏 밀었다. 그러나 아무리 기를 쓰고 밀어도 꼼짝하지 않았다. 아드리안이 이마에 맺힌 땀을 닦으며 말했다.

"뭐야, 흔들바위라더니 하나도 안 흔들리잖아."

그때, 대로가 안내판을 가리켰다.

"이리와 봐. 여기 설명이 나와 있어. 거대한 바위는 수직과 수평의 절리현상에 의해 볼록 모양으로 갈라지게 됩니다. 풍화작용을……."

아이들은 눈이 동그래져서 안내판을 봤다. 지수는 그림만 보고도 알았다는 듯 고개를 끄덕였고, 바리와 아드리안은 대로가 영어로 설명해 주자 이해한 눈치였다. 아버지가 웃으며 말했다.

"자, 이제 흔들바위도 봤으니 울산바위로 가자. 더 늦으면 울산바위까지 못 올라가."

그러자 바리가 말했다.

"여기서 울산바위까지 가려면 어떻게 가야 하지? 대로야, 지도 보여 줘."

"저기 앞에 표지판 있는데?"

"내가 지도를 보고 싶어서 그래."

바리는 대로에게 영어 지도를 받고 잠시 뚫어져라 보았다. 그리고 작은 자를 이리저리 대보더니 싱긋 웃었다.

"여기서 1km 정도 걸어가면 되네. 대략 40분쯤 걸리려나? 경사가 급하면 좀 더 걸릴 수도 있겠다."

대로는 눈이 휘둥그레져서 물었다.

"바리야, 너 지도 읽을 줄 알아?"

"응, 학교에서 배웠어. 거리는 자를 대어 보고, 축적을 계산해서 읽으면 어디든 대략 알 수 있어서 매우 편해."

"난 배워도 실제로 써 본 적이 없는데……"

대로는 머쓱한 듯 뒷머리를 긁었다. 지금까지 표지판이나 안내판 등에만 의존해 왔던 자기와 바리가 너무 비교되었다. 배움을 배움으로 그치지 않고, 실생활에 적용하는 바리를 보니 정신이 바짝 들었다.

"자자, 얘들아. 이제 울산바위를 보러 가자꾸나. 더 늦으면 안 된대도."

아버지가 웃으며 아이들의 등을 살짝 밀었다. 아이들은 와글와글 떠들며 울산바위로 가는 계단에 올라섰다.

흔들바위에서 울산바위까지 가는 길은 제법 가파르고 험했다. 수풀이 우거진 계단을 오르다가 밧줄을 잡으며 울퉁불퉁한 바위 길을 걸어야 했다.

기진맥진할 때 즈음, 거대한 울산바위가 눈앞에 나타났다. 아이들은 길게 이어진 철 계단을 보고 비명을 질렀다.

"꺅, 저 계단을 올라가야 해? 난 못 가. 못 간다고."

"괜찮아. 아빠랑 천천히 가자."

아버지는 울상이 된 지수를 달랬다. 대로와 바리, 아드리안은 의욕이 불끈불끈 솟는지 서로 얼굴을 번갈아 보며 눈짓했다.

"자, 가자!"

아버지의 말이 떨어지기 무섭게 세 아이는 쪼르륵 뛰어 올라갔다. 무서워하는 지수만 아버지 손을 잡고 조심조심 오르기 시작했다. 경사가 급한 철 계단을 오르는 일은 생각보다 힘들었다. 몇 계단 오르지 않아 숨이 턱까지 차올랐고, 뒤를 돌아보면 낭떠러지와 같은 급경사에 아찔한 현기증이 일어났다.

"헉헉, 언제까지 올라가야 해, 대로 너 안 힘들어?"

바리와 아드리안은 금세 지쳐서 숨을 헐떡거렸다. 반면, 대로는 평소 태권도로 몸을 단련한 덕분에 숨만 약간 거칠 뿐 크게 힘들어 보이지 않았다.

"아직 버틸 만 해. 힘들면 빨리 걷지 말고 천천히 걸어. 그 대신 멈추지 마. 한 번 멈추면 다시 올라가기 힘들어지거든."

바리와 아드리안은 많이 힘든지 남은 계단을 대강 훑어보며 한숨을 푹 쉬었다.

"이야, 끝내 주는데!"

"야호!"

대로와 바리, 아드리안과 지수는 함께 설악산 풍경을 내려다보며 감탄했다. 울산바위 꼭대기에서 보는 설악산은 정말 기가 막히게 멋있었다. 깎아지른 암벽과 굽이진 산세 사이로 속초 시내가 보이고, 저 멀리 푸른 동해가 넘실댔다. 마치 잘 그린 한국화 한 폭을 보는 듯했다.

"이래서 설악산이 한국 대표 명산 가운데 하나로 꼽히지. 바리와 아드리안이 보기에 어떠니?"

아버지가 허허 웃으며 물었다. 대로가 영어로 바꿔 물었다.

"좋습니다. 아주 고맙습니다."

바리와 아드리안은 아버지에게 서투른 한국어로 인사했다. 힘든 계단을 올라오느라 이마에 땀방울이 송골송골 맺혔지만, 표정은 더없이 밝고 씩씩했다. 아버지는 또다시 흐뭇하게 웃었다.

정신없이 풍경을 구경하다 보니 어느새 내려갈 시간이 되었다. 아버지는 넋을 잃고 설악산을 바라보는 아이들을 불렀다.

"애들아, 이제 가자꾸나. 더 있으면 해가 져서 내려갈 때 위험해진단다."

"네."

내려오는 길은 올라가는 길보다 훨씬 빠르고 편했다. 아이들은 재잘재잘 떠들며 두 시간도 안 되어 산을 내려왔다. 그리고 서울로 돌아오는 내내 세상모르고 푹 잠이 들었다.

설악산 여행에서 돌아온 다음, 대로와 아이들은 서울 시내를 구경했다. 경복궁과 덕수궁, 창경궁 등 고궁들과 남산과 청계천 등 서울 유명 볼거리를 차례로 돌았다. 부모님은 동행하지 않고, 지수만 함께 다녔다.

예정된 시간이 지나 친구들이 고국으로 돌아가는 날, 어머니가 인천 공항까지 차로 데려다 주었다. 물론 지수도 함께였다. 지수는 눈물을 글썽이며 바리와 아드리안을 배웅했다.

"바리, 아드리안! 조심해서 잘 가."

"대로 너도 잘 있어. 네 덕분에 정말 즐거웠어. 돌아가서 메일 쓸게."

"다음에는 영국으로 놀러 와. 내가 책임지고 관광시켜 줄게."

바리와 아드리안은 웃으며 손을 흔들었다. 대로는 바리와 아드리안이 게이트 저편으로 사라질 때까지 서서 바라보았다. 친구들이 완전히 보이지 않자, 그제야 실감이 났다. 꿈같이 즐거웠던 여름방학이 끝났다.

내 꿈은
전문경영인

"오늘은 진로에 대한 이야기해 보자. 지금부터 30분간 각자 진로에 대해 곰곰이 생각해 보도록."

말을 마친 선생님은 맨 앞줄에 앉은 아이들에게 두툼한 프린트 물을 나누어 주었다. 아이들은 자기 몫으로 한 장씩 받고, 나머지 프린트 물을 뒤로 넘겼다.

"나의 진로?"

대로는 프린트 물을 받아들고 고개를 갸웃거렸다. 프린트 물에는 큼직한 글씨로 '나의 진로'와 그보다 작은 글씨로 학년, 반, 이름 외에 아무것도 적혀 있지 않았다. 밑줄조차 없었다.

"다 받았나?"

선생님은 반 아이들이 모두 프린트 물을 받았는지 확인하고 설명을 시작했다.

"너희가 받은 백지가 바로 지금의 너희 모습이다. 아무것도 없는 깨끗한 백지 상태. 이 백지에는 어떤 글을 써도 좋고, 그림을 그려도 좋지. 너희도 마찬가지야. 아무것도 정해지지 않았기에 어떤 진로든 자유롭게 꿈꿀 수 있어. 너희가 이 백지를 어떤 글과 그림으로 채울지는 너희에게 달렸다. 오늘은 그 밑그림을 그리기로 하자. 자, 시작!"

선생님의 말이 끝나자 교실 안이 잠시 술렁거렸다. 바로 펜을 들고 무언가를 쓰는 아이들이 있는가 하면, 난처한 표정으로 입술을 잘근잘근 깨무는 아이들도 있었다. 대로는 프린트 물을 한참 동안 빤히 바라보았다.

'나의 진로라……'

대로는 큰 회사를 운영하는 경영인이 되고 싶은 꿈이 있었다. 구체적으로 확실한 계획을 세우지는 않았지만 벼룩시장에서 물건을 팔았던 경험을 살려 처음에는 작은 장사부터 시작해서 나중에는 큰 회사를 차리고 싶었다. 대로는 손가락으로 펜을 돌리며 생각했다.

'아빠가 경영인이 되려면 경영학과에 가야 한다고 말씀하셨지. 음, 경영학과는 한국대학교랑 발해대학교가 유명한데……'

마침내 대로는 결심한 듯 쓱쓱 써 내려가기 시작했다.

"모두 다 썼겠지?"

어느새 30분이 다 지났다. 선생님은 아이들을 휘휘 둘러보며 말했다.

"진로에 대해 진지하게 고민하는 시간이 되었기를 바란다. 그럼 이제 자기가 생각한 진로를 친구들에게 얘기해 볼까? 맹순종, 앞으로 나오렴."

순종이는 머뭇머뭇 앞으로 나갔다. 교탁 위에 종이를 펼쳐 놓고 더듬더듬 말했다.

"제 꿈은 장래 우리나라에서 가장 좋은 대학교의 경영학과에 들어가는 것입니다. 경영학과를 수석으로 졸업하면 큰 회사의 사장이 되고요. 후에는 국회의원과 대통령이 되는 것이 목표입니다."

그러자 선생님이 물었다.

"사장과 국회의원과 대통령을 다 하려면 힘들 텐데. 공부를 아주 많이 해야겠구나. 순종이가 그 꿈을 가지게 된 이유나 계기가 있니?"

"아, 아니요. 부모님이 그래야 한다고 말씀하셨거든요."

"그래, 순종이는 들어가고 이번에는 대로가 이야기해 볼까?"

대로는 벌떡 일어나서 씩씩하게 교탁 앞으로 나가 섰다.

"저는 장차 큰 회사를 운영하는 경영인이 되고 싶습니다. 물론 처음부터 큰 회사를 세우지는 못하겠지요. 한국대학교나 발해대학교의 경영학과에 들어가서 먼저 경영학을 열심히 공부하고, 장사를 하려고 합니다. 노점이나 작은 가게부터 시작해서 차츰차츰 규모를 키워 우리나라의 최고 회사를 만들고 싶습니다."

대로는 친구들을 똑바로 바라보며 큰 소리로 또박또박 이야기했다. 아이들 대부분이 대로의 이야기에 고개를 끄덕였다. 선생님도 고개를 끄덕이며 미소를 지었다.

"대로는 경영인이 되고 싶은 이유나 계기가 있나?"

"네, 저는 초등학교 때부터 벼룩시장에 나가 여러 물건을 팔았는데요. 사람들과 물건 값을 흥정하는 일이 참 재미있더라고요. 물건을 팔고 돈을 벌면 기분이 정말 좋았어요."

"대로는 목표가 뚜렷하구나. 하지만 회사를 경영하는 일은 단순히 물건을 사고파는 일이 아니잖니?"

"네, 전 제 물건을 팔기만 하는 게 아니라 어떻게 해야 사람들이 원하는 물건을 더 많이 팔 수 있을지, 돈을 더 많이 벌 수 있을지 궁금해요. 그러려면 공부를 많이 해야 한다고 생각했어요."

대로는 자신감이 넘쳤다. 걱정이나 불안 따위는 없었다. 자기 꿈을 굳게 믿고, 앞으로 나아가려는 강한 의지로 똘똘 뭉쳐 있었다. 선생님은 그런 대로가 대견하고 믿음직스러웠다.

"그래, 앞으로 노력해서 꼭 꿈을 이루기를 바란다."

"고맙습니다."

대로는 선생님에게 꾸벅 인사하고, 기분 좋게 자리로 돌아왔다.

"야, 나대로!"

태승이가 큰 소리로 대로를 불렀다. 요즘 태승이는 수업이 끝나면 대로네 반으로 쪼르르 달려왔다.

"오늘 HR 시간에 너희도 진로 이야기했어?"

"응, 너희도 했구나."

"넌 뭐라고 했어? 역시 사장님이야?"

"어, 태승이 네가 어떻게 알아?"

대로가 의아스러운 듯 묻자 태승이는 눈살을 살짝 찌푸렸다.

"그거야 척하면 딱 알지. 대로 너 주말마다 벼룩시장에 나가 물건을 판다고 했잖아. 그게 어디 보통 정성이냐? 나 같으면 귀찮아서 못해. 우리 형이나 너나 되니까 할 수 있는 거지."

"형? 네 형도 벼룩시장에서 장사해? 중앙공원 벼룩시장이야?"

"응, 고등학교 때까지는 주말마다 꼬박꼬박 나갔는데 지금은 대학생이라 안 해. 그 대신 온라인 쇼핑몰을 하지."

"온라인 쇼핑몰?"

대로는 갑자기 눈이 반짝반짝 빛났다. 보통 상점 하나를 운영하려면 돈이 많이 필요하지만 온라인 쇼핑몰은 적은 돈으로도 가능하다는 이야기를 들었다. 실제로 많은 사람이 적은 돈으로 온라인 쇼핑몰을 시작해 어마어마한 돈을 벌었다고 한다. 대로도 온라인 쇼핑몰에 줄곧 관심이 있었지만 운영하는 방법과 필요한 금액을 잘 몰라 섣불리 손을 대지 못했다. 그런데 친구 태승이 형이 온라인 쇼핑몰을 운영한다니 귀가 번쩍 뜨일 만했다.

"태승아, 너희 형은 언제부터 온라인 쇼핑몰을 했어? 어떤 물건을 팔아?"

질문이 속사포처럼 쏟아졌다. 태승이는 빙글빙글 웃으며 대답했다.

"궁금해? 그럼 우리 형을 소개시켜 줄 테니까 직접 물어 볼래?"

"진짜? 그럼 나야 좋지!"

"그럼 오늘 집에 가서 형에게 말할게. 시간 맞춰서 한 번 보자."

"그래. 태승아, 고맙다. 역시 넌 내 친구야."

대로는 가슴이 두근두근 뛰었다. 지금까지 가슴속에 막연히 자리하고 있던 꿈이 한 발자국씩 움직이는 듯했다.

고물장수
나대로

"어서 와. 태승이에게 대로 네 이야기를 많이 들었어. 날 보고 싶어 했다며?"

"네."

석준 형은 장난기 넘치는 태승이와 달리 매우 어른스러워 보였다. 대로는 태승이에게 석준 형 이야기를 들은 뒤로 석준 형을 만날 날을 손꼽아 기다려 왔다.

"네가 주말마다 벼룩시장에서 물건을 판다고 태승이가 그러던데. 나도 예전에는 너처럼 벼룩시장에서 물건을 팔았었어."

"지금은 온라인 쇼핑몰을 하신다면서요?"

"응, 시작한 지 한 3년 정도 됐지. 너도 온라인 쇼핑몰에 관심 있니?"

"네, 온라인 쇼핑몰을 하려면 어떻게 해야 하나 알고 싶어요. 형에게 배울 수 있으면 더욱 좋고요."

대로는 마치 어른들이 가게 터를 알아보듯 석준 형에게 조심스레 말했다. 석준 형이 고개를 갸웃했다.

"음, 네가 직접 온라인 쇼핑몰을 하게? 온라인 쇼핑몰 운영은 시간과 정성이 많이 필요한 일이야. 공부에 방해가 될 수도 있고. 그런데도 하고 싶니, 혹시 돈이 많이 필요해?"

대로는 절레절레 고개를 저었다.

"꼭 돈 때문이 아니에요. 제가 벼룩시장에서 물건을 파는 이유는 멀쩡한 물건을 주워 깨끗이 손질하는 일이 뿌듯하고, 필요한 사람들에게 돈을 받고 파는 일이 재미있기 때문이에요. 그런데 자꾸 하다 보니까 제대로 장사를 하고 싶은 욕심이 생겨요."

석준 형은 대로의 이야기를 듣고 부드러운 미소를 지었다.

"어쩜 넌 옛날 내 모습과 똑 닮았니?"

"형도 그랬어요?"

"그럼, 난 새벽에 우유배달이랑 신문배달을 하며 돈을 벌기 시작했어. 물론 그때 우리 집 형편이 어려워서 어쩔 수 없이 일을 해야 했지만, 막상 돈을 벌다 보니 점점 재미있더구나. 마치 내가 어른이 된 기분이 들기도 했고."

"맞아요. 저도 벼룩시장에서 어른들과 흥정할 때 그래요."

대로는 흥분해서 목소리가 커졌다. 두 주먹을 꼭 쥐고 똑바로 석준 형과 눈을 맞추었다. 석준 형은 그런 대로를 매우 흥미롭게 바라보았다.

"일찍 돈 버는 재미를 깨닫다니 대단하구나. 난 고등학생이 되어서야 슬슬 재미를 붙였는데……."

"다른 아이들이 게임을 좋아하는 것처럼 저도 돈 버는 일이 재미있을 뿐이에요."

"어머니가 기특해 하시겠네?"

"아니에요. 다른 엄마들은 아이들이 게임하는 걸 싫어하시잖아요. 그런 것처럼 저희 엄마도 제가 이런 일 하는 걸 싫어하세요."

"왜? 넌 컴퓨터 앞에서 게임하느라 시간을 낭비하는 애들과 다르잖니? 너처럼 어린 나이에 부지런히 돈을 벌기는 쉽지 않지."

그러자 대로가 한숨을 푹 내쉬었다.

"저희 엄마는 제가 공부만 하기를 바라시거든요. 그래서 학생이면 학생답게 공부를 해야지, 쓸데없는 짓을 한다고 만날 타박하세요. 휴, 형네 어머니는 안 그러셨어요?"

"우리 어머니도 내가 공부에 열중하기를 바라셨지. 하지만 크게 강요하지는 않으셨어."

석준 형은 잠시 생각하더니 대로에게 물었다.

"흠……, 그럼 내가 널 어떻게 도와주면 되냐?"

"온라인 쇼핑몰을 운영하는 방법을 가르쳐 주세요."

"온라인에서 물건을 파는 방법은 크게 두 가지가 있어. 하나는 네가 중고 사이트에 물건을 파는 방법이야. 예를 들어, '리사이클시티' 같은 사이트는 전화나 온라인으로 신청하면 물건 정보를 확인하고 직접 가지러 오지. 물건 상태를 보고 그에 걸맞은 값을 네게 준단다. 자잘한 소품뿐만 아니라 소파나 침대처럼 큰 물건까지 다양하게 팔 수 있어서 아주 좋아."

대로는 깜짝 놀라 눈이 휘둥그레졌다. 지금까지는 책장이나 TV처럼 큰 물건이 버려져 있으면 군침만 꼴깍꼴깍 삼키고 뒤돌아서곤 했다. 아무리 멀쩡해도 대로 혼자 힘으로는 벼룩시장까지 가져가 팔 수 없으니 그림의 떡이나 다름없었다.

"돈을 좀 더 많이 받고 싶으면 전문 사이트를 알아봐야 해. 옷이나 가방, 가구 등에도 명품이 있잖니? 명품만 취급하는 사이트가 있거든. 일반 물건을 취급하는 곳보다 가격을 높게 쳐 주지. 한번 볼까?"

석준 형은 사이트를 열더니 하나하나 마우스로 클릭하며 자세하게 설명을 해 주었다.

"요새는 많은 사이트에서 전화보다 온라인 매입 접수를 많이 해. 먼저 접수하는 사람의 정보를 입력하고, 물품 정보를 입력해서 접수하지. 그러면 담당자가 보고 연락을 준단다."

대로는 석준 형이 하는 말을 하나라도 놓칠세라 귀를 쫑긋 세웠다. 중요한 부분이 나오면 따로 노트에 적었다.

"또 하나는 네가 직접 사람들에게 물건을 판매하는 방법이야. 개별적인 사이트를 만들어서 할 수도 있고, 옥션이나 G마켓처럼 오픈마켓을 이용할 수도 있지. 이때는 아까처럼 중고품이 아니라 대부분 신상품을 팔아. 그래서 아까와 달리 오픈마켓을 이용하면 시작할 때 얼마간 돈이 필요해. 일단 물건을 사와야 팔 수 있으니까. 지금 네 경우라면 바로 오픈마켓을 하지 말고, 먼저 리사이클시티 등을 이용해 돈을 버는 게 좋지. 어느 정도 돈이 모이면 그때 오픈마켓을 해도 늦지 않아."

대로는 석준 형의 이야기를 듣다가 문득 아버지의 말씀이 떠올랐다.

"대로야. 학교 공부만이 공부가 아니야. 스스로 보고, 듣고, 느끼고, 깨치며 배우는 공부도 중요해. 오히려 학교에서 배울 수 없는 공부지."

아버지의 말씀대로였다. 석준 형의 입에서 나오는 이야기는 교과서나 참고서에서 찾아볼 수 없는 가르침이고, 몸으로 터득한 노하우였다. 대로는 석준 형 쪽으로 의자를 바짝 당겨 앉았다.

"형, 형은 참 대단해요. 돈을 버느라 바빴을 텐데 언제 공부를 해서 한국대학교에 들어가셨어요? 더군다나 한국대학교는 특히 경영학과에 들어가기가 가장 힘들잖아요. 저도 한국대학교나 발해대학교 경영학과에 들어가고 싶은데……."

"하하. 난 입학사정관제 덕을 봤지. 성적만 가지고는 한국대학교 근처도 못 갔을걸."

"입학사정관제요?"

대로는 눈이 휘둥그레졌다. 언젠가 TV에서 '입학사정관제'에 대해 얼핏 본 적이 있지만 자세한 내용까지는 몰랐다.

"응, 수능이나 내신처럼 교과 성적뿐만 아니라 학생들 개개인마다 가진 장점이나 특기, 소질 등을 보고 잠재력을 평가하는 제도야. 내 경우에는 남들보다 일찍 돈을 잘 버는 재주를 인정받아 경영학과에 입학했지. 대로 너도 나처럼 열심히 하면 한국대학교의 경영학과에 입학할 수 있어."

"우아! 형, 정말 멋져요! 저 앞으로 형을 존경할래요. 아니다, 형! 제 사부님 해요. 제가 깍듯하게 모실게요."

"야야! 그런 말 하지 마라. 부담스럽다."

석준 형은 손을 휘휘 내저으며 도리질을 쳤다. 그러나 대로는 아랑곳하지 않고 석준 형의 손을 꼭 붙잡고 부탁했다.

"형이랑 이야기하면서 제 목표가 더 뚜렷해졌어요. 전 앞으로 더 열심히 물건을 팔아서 돈을 많이 모을 거예요. 그래서 제 힘으로 고등학교랑 대학교 등록금을 모으고요. 세계 여러 나라들을 여행가겠어요. 형! 아니, 사부님. 도와주세요!"

"그래, 그쯤이야 기꺼이 도와줄 수 있지."

"고마워요. 형, 아니 사부님!"

그때, 똑똑 문을 두드리는 소리가 났다. 태승이가 문틈으로 비죽 고개를 내밀고 물었다.

"형, 대로랑 언제까지 이야기할 거야?"

"거의 끝났어. 왜?"

"혼자 기다리려니까 심심해서. 대로야, 다 이야기했으면 나랑 게임하자."

태승이는 정말 심심한지 몸을 비비 꼬았다. 석준 형과 대로는 태승이를 보며 웃었다.

"그래, 그럼 오늘은 여기까지 하자."

"네, 사부님! 오늘 이야기 정말 많은 도움이 되었어요. 다음에 또 여쭤 봐도 되죠? 헤헤헤."

대로는 석준 형에게 꾸벅 인사하고, 태승이와 게임하러 나갔다.

대로가 태승이와 헤어져 집으로 돌아오던 길이었다. 아파트 입구에 막 들어서는데, 재활용품을 수거하는 곳에서 경비 아저씨가 서성이는 모습이 보였다. 아저씨는 커다란 책장을 보며 난처해하고 있었다. 대로는 얼른 경비 아저씨에게 다가가 물었다.

"아저씨, 뭐 하고 계세요?"

"응, 누가 폐기물 딱지를 붙이지 않고 몰래 책장을 버렸거든. 청소하는 사람들은 폐기물 딱지가 없으면 안 된다고 가져가지 않네. 어째야 할지 모르겠구나."

대로는 책장을 꼼꼼히 살펴보았다. '푸른솔' 가구라는 유명 가구회사 책장이었다. 살짝 낡은 감이 있지만 전반적으로 깨끗하고 상태가 좋은 편이었다. 잘 닦으면 반질반질 윤이 날 듯했다.

"아저씨, 제가 이 책장을 가져가도 돼요?"

"왜? 네가 쓰려고? 안 그래도 골칫덩이였는데 네가 가져가면 좋지. 무거우니까 아저씨가 가져다주마."

경비 아저씨는 책장을 번쩍 들고 성큼성큼 걸었다. 대로가 혹여 마음 변할까 얼른 가져다주고픈 눈치였다. 대로는 아저씨를 거들며 집으로 안내했다.

"에구머니나, 그게 대체 뭐니!"

집에 들어서자마자 어머니가 꽥 소리를 질렀다. 대로가 난데없이 경비 아저씨를 이끌고 커다란 책장을 주워 왔으니 깜짝 놀랄 만했다.

"중고 사이트에다 팔려고 가져왔어요."

"물건을 주워 모아 벼룩시장에서 파는 것만으로는 부족해? 그래서 집에다 고물상을 차리려고 작정했어! 아이고, 동네 창피해서 못 살겠다!"

"죄송해요. 하지만 엄마, 제가 좋아서 하는 일이에요. 이해해 주세요."

대로는 어머니가 화를 내고 야단을 쳐도, 끝까지 뜻을 굽히지 않았다. 분명한 이유와 목적이 있어서 책장을 주워 왔고, 그 이유와 목적이 나쁘다고 생각하지 않기 때문이었다. 어머니는 대로가 고집을 꺾지 않자 문을 쾅 닫고 나가 버렸다. 경비 아저씨는 슬금슬금 눈치를 보며 말했다.

"어머니가 싫어하시는데 괜찮겠니?"

"네, 곧 이해해 주실 거예요. 아저씨, 저 안쪽으로 책장을 놓아 주세요."

대로는 경비 아저씨의 도움으로 책장을 집 안으로 옮겨 왔다.

"다 됐지? 그럼 간다. 수고해라."

"고맙습니다."

경비 아저씨가 돌아가자 대로는 걸레를 두 개 준비했다. 하나는 젖은 걸레, 또 하나는 마른 걸레였다. 먼저 젖은 걸레로 책장을 꼼꼼히 닦았다. 구석구석 먼지를 다 닦아낸 다음, 마른 걸레로 책장이 반질반질할 때까지 닦았다.

"아, 됐다."

역시 유명 가구회사 제품이라 다르긴 달랐다. 깨끗하게 닦아 놓고 보니 원목 가구 특유의 은은한 광택이 나면서 아주 멋스러웠다. 여기저기 긁힌 자국이나 흠집마저 고풍스럽게 느껴질 정도였다. 대로는 책장을 흡족하게 바라보았다. 이마에 송골송골 맺힌 땀을 닦으며 리사이클시티에 전화했다. 통화 연결음이 들리고 담당자가 전화를 받았다.

"리사이클시티입니다. 무엇을 도와드릴까요?"

대로는 긴장해서 침을 꼴깍 삼켰다. 숨을 크게 들이쉬고 입을 열었다.

"저, 책장 하나를 팔려고 하는데요."

"상태가 어떤가요? 브랜드는 있나요?"

"푸른솔 가구 제품이에요. 상태 좋고요."

대로는 침착하게 하나하나 대답했다. 담당자는 대로에게 주소와 전화번호를 묻고, 두 시간 뒤에 방문하겠다고 말했다. 대로는 기뻐서 저도 모르게 전화기를 붙들고 허리를 굽혀 인사했다.

"고맙습니다!"

두 시간 뒤에 정말 리사이클시티에서 사람이 왔다. 턱수염을 기른 아저씨는 책장을 이리저리 살펴보더니 매입을 결정했다.

"견적이 2만 원 나오네요. 괜찮으세요?"

"네, 좋아요!"

아저씨는 그 자리에서 2만 원을 현금으로 주고, 책장을 번쩍 들고 나갔다. 대로는 한동안 멍하니 아저씨가 책장을 들고 나간 방향을 바라보았다. 마치 꿈을 꾸는 듯했다.

"야호!"

한참 만에 제정신이 든 대로는 두 손을 번쩍 들고 펄쩍 뛰었다. 석준 형이 새삼 고마웠고, 몇 시간 만에 2만 원을 번 자신이 뿌듯했다.

대로는 재빨리 경비 아저씨한테 연락했다.

"아저씨, 아파트 사람들에게 앞으로 중고 가구나 물건을 내놓을 때 먼저 제게 연락해 달라고 말씀해 주세요. 그럼 제가 물건을 받아 팔게요. 물건이 팔리면 물건 값을 원래 주인과 반반씩 나눠 가지고요. 만약 안 팔리면 폐기물 딱지를 붙여 내놓죠."

경비 아저씨는 크게 기뻐하며 허락했다.

"좋은 생각이구나. 그동안 사람들이 폐기물 딱지를 붙이지 않고 몰래 물건을 버려서 골치였는데 잘 됐다."

과연 그 뒤로 대로네 아파트에서는 폐기물 딱지를 붙이지 않고 몰래 물건을 버리는 일이 없어졌다. 대로가 중고 물건을 취급한다는 사실을 안 아파트 사람들이 너도나도 대로에게 연락했기 때문이다. 대로는 연락이 오면 재빨리 달려갔고, 어떤 물건이든 정성껏 손질해 중고 사이트 등에 팔았다. 그리고 받은 돈을 원래 주인과 똑같이 나누어 가졌다. 시간이 지날수록 대로는 평판이 높아졌고, 대로에게 물건을 부탁하는 사람들이 늘었다. 간혹 너무 낡았거나 망가져서 팔지 못할 경우에는 폐기물 딱지를 붙여 내놓았다.

"대로가 우리 고민을 한방에 해결해 주었네."

"아직 어린 녀석이 영특하다니까!"

경비 아저씨들은 모였다 하면 대로를 칭찬하느라 바빴다. 대로에게 중고 물건을 맡겨 판 아주머니들도 대로만 보면 반색했다. 어느새 대로는 아파트 최고 인기인이 되어 있었다.

대로는 아파트뿐만 아니라 학교에서도 중고품 장사를 시작했다. 아이들이 쓰다가 싫증난 물건을 헐값에 사서 온라인에서 되팔았다. 되팔 때는 약간 돈을 올려 팔았다. 그 덕분에 대로는 '고물장수'라는 별명을 얻었다.

"야, 고물장수! 이거 얼마 줄래?"

"어디 보자. 팔백 원."

"너무한다. 내가 만 원주고 산 건데."

"좋다. 인심 써서 천 원! 그 이상은 안 돼."

대로는 아이들이 한 번 싫증나면 잘 쓰지 않는다는 사실을 잘 알고 있었다. 그래서 아이들과 흥정하면 대로가 대부분 이겼다.

대로는 복도를 지나다가 분실물 보관함을 보고 멈칫 멈추어 섰다. 대로네 학교에는 분실물 보관함이 있었다. 학생들이 잃어버린 물건들을 보관하는 보관함이었다. 거기에는 별로 사용하지 않은 새 지우개부터 연필, 볼펜, 자 등 작은 물건들뿐만 아니라 심지어 고급 신발주머니나 커다란 가방까지도 있었다. 분실물 보관함 앞에 잠시 서 있던 대로는 불현듯 무슨 생각이 난 듯 얼굴이 환해지면서 담임선생님에게로 달려갔다.

"선생님. 저, 드릴 말씀이 있는데요."

"오, 대로구나. 무슨 이야긴데?"

"아이들이 잃어버린 물건들을 모아 놓은 보관함 있잖아요. 그 물건들 중에서 오랫동안 두어도 찾아가지 않는 것들은 팔아서 학급비로 쓰는 것은 어떨까 해서요. 찾아가지도 않는 것을 계속 그대로 두는 것은 낭비라고 생각해요."

"그래, 좋은 생각이구나. 다음 학급회의에서 너희들이 의논해 보렴. 결정되면 내가 교감선생님께 말씀드려서 학교 제도로 만들어 보자꾸나."

선생님은 고개를 끄덕이며 대로에게 말씀하셨다.

얼마 후 대로네 학교에는 일정기간이 지나도 찾아가지 않는 분실물들은 팔아서 학급비로 쓰도록 하는 제도가 만들어졌다. 그리고 그 물건은 대로가 맡아서 팔기로 했다. 선생님은 대로의 생활기록부에 대로의 활동을 기록해 주셨다.

10 저축! 투자?

"대로가 학교에서 별명이 고물장수라고 하데요. 아이들이 쓰던 물건들을 싸게 산 다음 온라인에서 되판다고 유명하더군요. 재활용품을 악착같이 모아 벼룩시장에 내다 팔더니, 이제 학교에서도 장사를 하네요. 대로 어머니는 좋겠어요. 대로처럼 어린 나이에 알뜰살뜰 돈 버는 애가 어디 흔한가요? 오늘 학교 운영위원회가 있어 다녀왔는데, 교장 선생님이 입에 침이 마르도록 대로를 칭찬하더라고요."

순종이 어머니는 아파트 입구에서 대로 어머니를 보자마자 큰 소리로 호들갑을 떨었다. 사실 교장 선생님이 대로를 칭찬한 까닭은 대로가 학교에서 아이들이 찾아가지 않는 분실물을 팔아 불우이웃돕기 성금으로 기부하게 했기 때문이었다. 순종이 어머니는 그 부분을 쏙 빼놓고, 마치 대로가 돈 버는 데 혈안이 된 듯 떠들어 댔다. 대로 어머니는 순종이 어머니의 말이 영 껄끄러웠다. 말 그대로 칭찬인지, 아니면 비웃음인지 순종이 어머니의 속내를 알 수 없었다.

"누가 저보고 돈을 벌라고 했나요. 남들은 공부하느라 정신없는데 만날 쓸데없는 일만 해서 속상해요."

"에이, 모두 자기 재주가 따로 있는 법이에요. 우리 순종이는 공부를 좋아하고 잘하니까 앞으로 공부해서 잘 살면 되고, 대로같이 돈 버는 재주가 있는 아이는 일찍 장사해서 돈을 많이 벌면 되지요. 누구나 자기가 타고난 재주에 따라 살 때 가장 행복하지 않겠어요?"

대로 어머니는 묵묵히 순종이 어머니의 이야기를 들었다. 아무래도 순종이 어머니는 대로 어머니가 언짢아 할 말만 일부러 골라하는 듯했다.

"선진국에서는 일찍 돈을 벌고 싶은 아이들은 학교를 다니지 않는대요. 제 생각에 우리나라도 그래야 해요. 우리도 학벌만 앞세워 무조건 공부를 시키지 말고, 공부하고 싶은 아이들만 공부하게 하고 돈을 벌고 싶은 아이들은 일찍 돈을 벌게 해 줘야 한다니까요. 그래야 너도 나도 대학교에 들어가려고 하지 않을 테니 교육 문제가 자연히 해결되지 않겠어요?

사실 공부하기 싫은 애들을 억지로 공부시켜 봤자, 아이에게나 부모에게나 스트레스라고요."

"순종이 어머니의 말씀을 들으니 우리 애는 고등학교에 진학시키지 말아야겠네요. 일찍 장사나 시켜서 돈 벌게 해야지 원. 순종이 어머니, 저 먼저 집에 들어갈게요!"

대로 어머니는 순종이 어머니의 말을 더 들을 수 없어 한 마디 쏘아붙이고 자리를 떴다. 집으로 돌아와 찬물을 벌컥벌컥 들이켠 다음, 소파에 앉아 대로가 돌아오기만을 기다렸다. 속이 부글부글 끓어올라서 참을 수가 없었다.

오늘 대로가 집에 들어오면 앞으로 공부를 할지, 아니면 계속 딴 짓을 할지 단단히 따져볼 생각이었다.

   한편 대로는 은행에서 나오다 우연히 호영 아저씨와 마주쳤다. 호영 아저씨와는 태양보육원에서 봉사할 때 본 뒤로 처음이었다.

"어, 아저씨 안녕하세요?"

"대로구나. 오랜만이다. 그동안 잘 지냈니?"

호영 아저씨는 빙그레 웃으며 대로를 반겼다.

"은행에는 어쩐 일이야? 예금하러 왔어?"

"네, 제가 벼룩시장이나 온라인 사이트에서 물건을 팔거든요. 그렇게 번 돈을 꼬박꼬박 모으고 있어요. 통장 한 번 보실래요?"

대로는 자랑스레 통장을 내밀었다. 통장에는 그동안 대로가 꾸준히 예금한 금액이 빠짐없이 찍혀 있었다.

"지난 주말 벼룩시장에서 물건을 팔아서 번 7천 원이랑 아빠 구두를 일주일 동안 닦아서 받은 5천 원, 그리고 위층에 사는 다섯 살짜리 재원이한테 영어책을 읽어 주고 재원이 어머니에게 받은 5천 원까지 모두 만 7천 원을 오늘 입금했어요. 보이시죠, 지금까지 총 5백 10만 원이나 예금했어요."

호영 아저씨는 통장 내역을 들여다보며 감탄했다. 그도 그럴 것이 입금 내역은 줄줄 찍혀 있는 반면, 출금 내역은 거의 없었다.

"대로는 정말 알뜰살뜰하구나. 벌써 5백만 원을 넘게 모으다니 대단하네. 그런데 대로야, 너 은행에 5백만 원을 예금하면 이자를 얼마나 받는지 아니?"

"음……, 글쎄요."

대로는 말문이 탁 막혔다. 푼푼이 돈을 벌어 모으는 재미에 빠져 이자에 대해 특별히 생각한 적이 없었다. 대로가 머뭇머뭇 대답을 못하자 호영 아저씨는 친절히 설명해 주었다.

"이율이라는 말 들어봤지? 이율이란 네가 예금한 금액에 대한 이자의 비율이야. 예를 들어, 연 1% 이율이라고 하면 100만 원을 1년 동안 예금했을 때 1만 원을 이자로 받는단다. 그러나 실제로 네가 받는 이자는 1만원이 채 안 돼. 왜냐하면 1만 원에서 이자소득세가 빠지거든. 게다가 네 통장처럼 입금과 출금이 자유로운 예금은 연이율이 1%가 안 되는 경우가 허다하고."

"음, 그래도 조금이나마 이자를 주니까 좋잖아요? 돈을 잃어버릴 염려도 없고요."

"하하, 네 말이 맞다. 그래서 사람들이 은행에 예금하지. 하지만 아저씨는 다르게 생각해. 돈을 많이 모으려면 저축도 좋지만 적절한 투자도 중요해."

"투자요?"

대로는 눈이 동그래졌다. 이제까지 벼룩시장에서 물건을 팔아 돈을 버는 일과 은행에 꾸준히 예금하는 일 외에는 딱히 생각하지 않았었다. 호영 아저씨는 서글서글 웃으며 말을 이었다.

"펀드라고 들어봤니? 펀드는 투자자가 직접 투자하지 않고 금융전문가에게 돈을 맡기고 대신 투자하게 하는 간접 투자 상품이야. 이때 펀드 운용을 맡은 금융전문가를 '펀드매니저'라고 해. 보통 회사를 운영하거나 영화처럼 큰 프로젝트를 하려면 돈이 아주 많이 필요하겠지? 펀드매니저는 여러 사람에게 모은 돈을 자본이 필요한 회사나 프로젝트에 투자해서 수익이 나도록 관리한단다. 그리고 투자 수익이 나면 투자자들에게 각자 돈을 보탠 만큼 이익을 나누어 주지."

대로는 고개를 갸웃거렸다. 아직 잘 모르겠다는 표정이었다.

"저도 펀드를 알아요. 은행원 누나가 좋은 펀드 상품이 있다고 알려 줬거든요. 그런데 펀드는 돈을 벌 수도 있고, 잃을 수도 있다고 들었어요. 그래서 전 가입을 안했어요."

"맞아, 펀드는 저축 상품인 예금과 달리 투자 상품이거든. 투자에는 리스크, 즉 위험이 따른단다. 예를 들어, 대규모 영화를 찍는다고 하자. 영화가 크게 성공하면 어마어마한 이익이 생기겠지? 반대로 실패하면 들어간 제작비를 회수하지 못하지. 영화 제작에 투자한 사람도 마찬가지야. 영화가 성공했을 때는 발생한 이익을 나누어 갖지만, 실패했을 때는 손해를 함께 진단다."

"그럼 펀드도 예금처럼 종류가 여러 가지 있나요?"

대로가 묻자 아저씨는 빙그레 웃었다. 귀를 쫑긋 세우고 듣는 대로가 기특했다.

"당연하지. 펀드는 어디에 투자하는지가 중요해. 어떤 펀드는 금에 투자하기도 하고, 어떤 펀드는 일반 회사의 주식에 투자하기도 해. 석유나 곡물 등 원자재 등에 투자하기도 하지. 또한 우리나라 주식만이 아니라 해외 주식에도 투자를 한단다. 특히 펀드는 투자한 분야의 금값이나 주식 또는 원자재 가격이 오르면 오를수록 수익이 많이 나. 가령 금에 투자했다고 하자. 금이 1,000원일 때 투자했는데 1,500원으로 가격이 오르면 50% 이익을 본 거야. 금이 500원으로 뚝 떨어지면 50% 손해를 본 거고. 그래서 펀드 투자를 하려면 앞으로 많이 오를 분야에 투자해야 해."

"50%요? 500만 원을 넣으면 얼마야? 50% 이익이니까 250만 원, 총 750만 원! 안 되겠다. 저, 펀드 가입하러 갈래요."

대로는 50% 수익률에 귀가 번쩍했다.

당장 펀드에 가입해야겠다는 생각에 마음이 급해졌다. 호영 아저씨는 잔뜩 들뜬 대로를 말리며 다시 설명했다.

"대로야, 투자는 투기가 아니란다. 언제 얼마나 손해를 볼지 몰라. 그래서 꼼꼼히 따져보고, 신중히 고민해서 조심스레 투자해야 해. 물론 펀드는 금융전문가에게 관리를 맡기는 간접 투자라서 주식 같은 직접 투자보다 여러 모로 좋은 점이 있어."

"어떤 점이 좋아요?"

"여러 사람들의 큰돈을 모아 관리하기 때문에 투자 규모가 커. 한 사람이 천 원어치 투자를 한다면 열 사람은 만 원어치 투자를 할 수 있지. 또 펀드 매니저들은 각종 정보에 밝아 보통 사람들보다 투자를 잘하고. 무엇보다 직접 투자를 하면 욕심을 부리다 손해를 보는 경우가 있어. 펀드는 그런 면에서 매우 유리해. 은행에 가면 상담원이 친절하게 펀드에 대해 설명해 줄 거

펀드는 직접투자 하지 않고 금융전문가에게 돈을 맡겨 대신 투자…

야. 잘 들어보고, 확신이 들면 그때 투자하렴."

"네, 잘 알았어요. 아참, 아저씨 전화번호 물어봐도 돼요? 또 궁금한 점이 있으면 여쭤보고 싶은데……."

"그러렴. 언제든지 환영이다."

호영 아저씨는 순순히 전화번호를 알려 주었다. 대로는 얼른 받아 적고, 기분 좋게 집으로 돌아왔다.

집에 돌아오자 어머니가 대뜸 꾸지람을 했다.

"너, 어디 갔다 이제 와? 오늘 엄마랑 얘기 좀 하자."

"은행 들렀다가 호영 아저씨를 만나 펀드에 대한 이야기를 하고 왔어요."

"펀드? 학생이 공부를 해야지 무슨 펀드야? 사람들이 뭐라고 하는지 알아? 그렇게 돈을 잘 벌면 학교 그만두고 돈이나 벌라고 하더라."

어머니는 속상해서 눈물을 왈칵 쏟았다. 대로는 자기 마음을 몰라 주는 어머니가 섭섭했지만, 막상 눈물을 흘리는 어머니를 보니 마음이 무겁고 죄송했다.

"엄마, 죄송해요. 하지만 전 다른 애들이 게임을 재미있어 하듯 돈을 모으는 일이 재미있을 뿐이에요. 그렇다고 제가 학교를 빼먹거나 공부를 등한시하지 않잖아요. 제발 다른 사람들이 뭐라고 하든 신경 쓰지 마시고 절 믿어 주세요."

"네가 순종이처럼 전교 순위에 들면 내가 이런 걱정을 왜 하겠니? 고만고만한 성적을 받으며 딴 짓만 하고 다니니 그렇지! 그래가지고 대학은 어떻게 가려고 그래?"

어머니는 좀처럼 화를 풀 줄 몰랐다. 대로는 속이 답답했다. 어머니에게 더 이야기해도 소용없을 듯했다.

"알았어요. 저 예습하고 복습해야 하니까 이만 들어갈게요."

대로는 한숨을 쉬며 자기 방으로 들어갔다. 어머니는 대로의 뒤통수를 향해 크게 소리쳤다.

"나대로! 앞으로 성적 떨어지면 벼룩시장이고 뭐고 다 때려 쳐!"

다음 날, 대로는 은행을 찾았다. 전날 호영 아저씨에게 이야기를 듣고, 집에서 펀드에 대한 자료를 살펴보았다. 각 증권사에서 판매하는 펀드의 종류와 특성, 지난 수익률 등을 비교해서 따져본 결과 충분히 펀드에 투자해도 되겠다는 확신이 들었다. 대로는 통장에 들어 있던 500만 원을 모두 인출해 꿈돌이 주식형 펀드에 넣었다. 돈이 쑥쑥 불어나기를 바라면서.

펀드 가입을 마친 뒤에는 호영 아저씨에게 전화를 걸었다.

"아저씨, 저 대로예요. 오늘 펀드 가입했어요."

"그래? 어떤 펀드니?"

"꿈돌이 주식형 펀드라고 국내 주식에 투자하는 펀드예요. 어제 여러 펀드를 비교해 봤는데요, 제가 보기에 가장 괜찮은 듯해서요. 요즈음 주식 시장이 꽤 좋아서 주식형 펀드의 수익률도 좋대요."

대로는 신이 나서 재잘재잘 이야기했다. 호영 아저씨는 대로의 이야기를 다 듣고, 따뜻하게 격려해 주었다.

"어제 말했지만, 펀드는 투자 상품이라서 손실이 날 수도 있어. 그 점을 꼭 기억하렴. 물론 대로는 똘똘하니까 잘 생각하고 했겠지. 모처럼 투자했으니까 수익이 많이 나기를 바란다."

"네, 고마워요. 아저씨."

"우아! 그새 돈이 이렇게 늘어났어?"

통장을 확인한 대로는 깜짝 놀라 입을 다물지 못했다. 요새 한창 주식 경기가 좋다더니 정말 원금 500만 원이 600만 원으로 늘어나 있었다. 대로는 싱글벙글하며 집으로 달려갔다. 다짜고짜 아버지와 어머니에게 통장을 들이밀며 자랑했다.

"아빠, 엄마! 이거 보세요. 500만 원이 600만 원으로 불었어요. 호영 아저씨가 말한 대로 펀드에 투자했더니 거저 100만 원이나 벌었지 뭐예요! 정말 대단하죠?"

대로는 통장을 품에 꼭 안고 기뻐했다. 첫 투자에서 100만 원을 벌다니 스스로 뿌듯하고 자랑스러웠다.

"그래서 이제 직접 투자하려고요. 펀드도 좋지만 직접 주식 투자를 하면 돈을 더 많이 벌 수 있잖아요? 요즘 주식 시장이 워낙 좋으니까 수익이 많이 날 거예요."

아버지는 그런 대로가 약간 걱정되었다. 대로가 주식 투자의 허와 실을 모른 채 수익에만 연연하는 듯했다.

"대로야, 넌 아직 학생이니까 직접 투자보다 펀드 투자가 낫지 않겠어? 직접 투자하려면 시간을 많이 투자해야 하고, 알아야 할 내용도 많은데. 정 직접 투자를 하고 싶다면 분산 투자를 하는 게 좋을 것 같구나."

"분산 투자요?"

"계란을 한 바구니에 담지 말라는 말이 있단다. 계란을 한 바구니에 몽땅 담으면, 바구니를 떨어뜨렸을 때 계란이 모두 깨져 버리잖니? 투자도 똑같아. 계란을 여러 바구니에 나누어 담듯, 돈을 여러 군데에 나누어 투자하는 방법을 분산 투자라고 해. 분산 투자를 하면 혹여라도 원금을 모두 잃는 위험을 막을 수 있어."

그러나 대로는 아랑곳하지 않고 의기양양하게 말했다.

"걱정하지 마세요. 제가 봐 둔 회사가 있거든요. GH소프트라고, 게임 소프트웨어를 개발하는 회사인데요. 거기 게임이 아이들에게 인기 좋아요. 제 친구들도 GH소프트에서 만든 게임을 얼마나 좋아하는데요. 절대 망할 리 없어요. 오히려 승승장구하며 수익을 쭉쭉 올릴 걸요?"

이미 대로의 귀에는 다른 사람들의 말이 들리지 않았다. 대로에게 처음 펀드 투자를 알려 준 호영 아저씨도 직접 투자를 말렸지만, 대로는 듣는 둥 마는 둥 흘렸다. 호영 아저씨는 한숨을 쉬며 말했다.

"내가 네게 펀드 투자를 알려 준 까닭은 그만큼 안정적이기 때문이란다. 그러나 네 결심이 확고하다면 어쩔 도리가 없구나. 하지만 대로야, 이것 하나는 꼭 기억하렴. 네가 선택하고 결정했으면 어떤 결과가 나오더라고 네 스스로 책임을 져야 해."

대로는 알았다고 건성으로 대답하고 펀드와 예금을 빼서 몽땅 GH소프트 주식을 샀다. 그리고 날마다 점심시간을 이용해 PC실에서 주가를 살폈다. 수업이 끝나면 쪼르르 집으로 달려와 그날 종가를 확인했다. 또 틈만 나면 컴퓨터로 인터넷에서 GH소프트 및 게임 회사들에 관련된 기사들을 찾았다.

그러기를 한 달 여, 어느 날 대로는 아버지와 어머니에게 자랑스레 말했다.

"보세요. GH소프트 주가가 엄청 올랐어요. 오늘 하루 만에 제가 번 돈이 무려 80만 원이에요. 역시 제 생각이 맞았어요!"

기뻐하는 대로와 달리 아버지와 어머니는 걱정이 앞섰다. 공부해야 하는 학생이 주식에 지나치게 빠져서 좋을 리 없고, 앞으로 주가가 크게 떨어지면 어쩌나 싶었다.

"대로야, 엄마는 이제 주식을 팔고 공부에 집중했으면 좋겠구나. 그러다 손해 보면 어쩌려고 그래."

"에이, 엄마도 참. GH소프트 주가가 왜 떨어져요. 애들이 게임을 좋아하는 한, 게임 회사는 계속 성장할 수밖에 없어요. 두고 보세요. 앞으로 GH소프트 주가는 계속 오를 거예요."

옆에서 듣던 아버지가 입을 열었다.

"아빠도 걱정이 된다만, 지금까지 그랬듯 네가 알아서 잘 하리라 믿는다. 그리고 아까 GH소프트에서 편지 왔더라."

대로는 아버지에게 편지를 받자마자 뜯어보았다. 편지에는 GH소프트 주주 총회 이야기가 적혀 있었다.

"주주 총회? 아빠, 주주총회가 뭐예요?"

"GH소프트 주식을 산 사람을 주주라고 한단다. 주주총회란 주주들이 한데 모여 회사에서 가장 중요한 사항을 의논하고 결정하는 회의야. 이제 대로도 주주총회에 참석하는 어엿한 주주가 되었구나."

그러자 대로가 어깨를 으쓱대며 의기양양하게 말했다.

"그럼 저도 가서 말할래요. 요새 아이들이 어떤 게임을 좋아하는지, 게임할 때 어떤 부분이 불편하고 싫은지 그래서 더 좋고 재미있는 게임을 잔뜩 만들어 달라고 해야지. 그래야 우리 GH소프트 주가가 오를 테고, 저도 돈을 많이 벌지요."

"얘, 대로야. 그래도 엄마는……."

어머니가 여전히 걱정스러운 듯했다. 아버지는 집게손가락을 입술에 가져다대며 어머니를 말렸다.

"일단 대로가 하는 대로 놔둡시다. 저 아이는 스스로 겪으며 배우고 자라는 아이니까."

입학사정관제와
윗뫼 고등학교

"다녀왔습니다."

대로가 집에 들어와 막 신발을 벗으려는데 코코가 쪼르르 달려왔다. 코코는 대로의 다리에 몸을 비비며 낑낑 댔다.

"코코야, 왜 그래?"

대로는 코코를 품에 꼭 안았다. 힘없는 코코도 이상했지만, 늘 코코와 함께 달려오던 로키가 보이지 않는 점이 더 이상했다.

"엄마, 로키는 어디 갔어요?"

"오늘 아빠가 시골 친척 아저씨 댁에 데려다 놓으러 가셨어."

순간, 대로는 가슴이 철렁 내려앉았다. 믿을 수 없었다. 코코를 안은 채로 온 집안을 샅샅이 살폈지만 로키는 집 안 어디에도 없었다. 대로는 눈물을 글썽이며 소리쳤다.

"왜요? 우리가 키우기로 했잖아요! 엄마 말씀대로 제가 열심히 목욕시키고, 배설물도 치웠는데 왜 그러셨어요!"

이제까지 대로는 어머니가 아무리 야단을 쳐도 대드는 법이 없었다. 묵묵히 듣거나 넉살 좋게 넘어가는 경우가 대부분이었다. 그런 대로가 앙칼지게 따져 묻는 모습을 보자 어머니는 가슴이 아팠다.

"오빠, 엄마 탓이 아니야. 엄마도 얼마나 슬퍼하고 계신데……."

울어서 눈이 새빨개진 지수가 어머니를 감쌌다. 지수는 어머니의 손을 꼭 붙잡고, 훌쩍훌쩍 눈물을 흘렸다. 대로는 한층 목소리를 낮추고 되물었다.

"그럼 왜 시골로 보냈어요? 아빠도 로키를 좋아하셨잖아요."

그러자 지수가 어머니 대신 말했다.

"아파트 사람 때문이래."

"아파트 사람?"

지수는 더 말하기 싫은지 고개를 절레절레 흔들었다. 어머니가 말을 이어받았다.

"사람들이 아파트 관리소에 가서 따졌나 보더라. 아까 관리소장님이 와서 말씀하셨어. 작은 개도 원칙상 안 되지만, 모르는 척 넘어갈 테니 큰 개만이라도 다른 곳으로 보내 달라고……. 사람들이 날마다 항의를 한다는데 어쩌겠니?"

"아니, 우리 로키가 어쨌는데요? 로키는 물지도 않고, 짖지도 않고, 아무데나 똥을 싸지도 않는데. 엄마, 로키를 다시 데려와 주세요."

어머니는 천천히 고개를 가로저었다.

"안 돼. 이 아파트에 우리만 사니? 다른 사람들을 생각해야지. 다른 사람들이 싫어하는데 우리 마음대로 할 수 없어. 안됐지만, 로키를 포기하렴."

대로는 더 말하지 못하고 자기 방으로 들어갔다. 그리고 한참을 펑펑 울었다. 꼬리를 살랑살랑 흔들며 안기던 로키가, 로키를 데리고 나가면 부러운 눈길로 바라보던 사람들이, 마치 영화처럼 머릿속을 스치고 지나갔다.

며칠이 지났다. 대로는 학교에서 돌아오자마자 코코를 살펴보았다. 코코는 아침에 준 밥을 고스란히 남기고, 힘없이 축 늘어져 있었다. 대로를 보고도 일어날 힘이 없는지, 누운 채 꼬리 끝만 살짝 움직였다.

"오빠, 어쩌지? 이러다가 코코가 병나겠어."

지수가 걱정스러운 목소리로 말했다. 요 며칠 지수는 코코가 걱정되어 잠을 한숨도 자지 못했다. 하지만 별다른 방법이 없었다. 그저 코코의 털을 쓰다듬으며 애태울 뿐이었다.

"지수야! 이제 그만하렴."

어머니는 코코보다 지수가 더 걱정스러웠다. 코코를 걱정하느라 지수가 병이 날까 싶어 속이 바짝바짝 탔다.

"오늘 엄마 친구가 오기로 했어. 코코와 같은 말티즈 종을 한 마리 키우고 있대. 코코 이야기를 했더니 자기가 맡아 주겠다고 하더구나. 다른 강아지와 함께 있으면 코코가 기운을 차릴지도 모른다고."

어머니는 지수의 눈치를 살피며 조심스레 말했다. 지수는 눈에 눈물을 한가득 담고, 어머니를 올려다보았다.

"그 아주머니께서 코코를 많이 예뻐해 주실까요?"

어머니는 지수를 꼭 끌어안았다.

"그렇고말고. 강아지를 아주 많이 좋아하는 아주머니거든. 분명 코코는 듬뿍 사랑받을 거야."

"네, 알았어요. 엄마."

지수는 어머니 품에 안겨 하염없이 울었다. 옆에 있던 대로도 자꾸 눈물이 나서 참을 수 없었다. 코코를 위한 방법이기는 하나, 도저히 웃으며 보낼 엄두가 나지 않았다. 대로는 조용히 방 안으로 들어와 문을 꼭 닫았다. 그리고 숨죽여 울며 다짐했다.

"두고 봐. 기필코 돈을 많이 벌어서 큰 정원이 있는 집을 짓겠어. 그리고 로키하고 코코를 데려와서 마음껏 정원을 뛰어다니며 놀게 할 거야."

"나대로, 교무실로 따라 오너라."

종례가 끝나자마자 담임선생님이 대로를 불렀다. 대로는 고개를 갸웃거리며 선생님을 뒤따랐다.

"선생님, 무슨 일이에요?"

대로는 교무실에 들어서자 더 참지 못하고 물었다. 선생님은 대로를 돌아보며 빙긋 웃었다.

"대로야, 너 윗뫼 고등학교 알지? 네가 그 학교에 입학 원서를 내면 좋겠구나."

"네에! 제가요?"

대로는 깜짝 놀랐다. 윗뫼 고등학교는 내로라하는 수재들만 가는 최고 명문 고등학교였다. 사실 대로네 학교에서는 전교 1등 순종이도 윗뫼 고등학교에 들어갈 수 있을지 장담을 못했다. 그만큼 들어가기가 어려운 학교였다.

"선생님, 순종이도 큰뜻 외국어고등학교에 들어간다는데 제가 어떻게 윗뫼 고등학교에 원서를 내요. 보나마나 뚝 떨어질 거라고요."

"교장 선생님께서 널 추천하셨어. 이번에 윗뫼 고등학교에서 입학사정관제를 도입한다고 공고가 났어. 아무리 생각해도 우리 학교에서는 마땅한 학생이 너밖에 없다."

대로는 불현듯 석준 형의 이야기가 떠올랐다.

'그때, 석준 형도 입학사정관제 덕분에 한국대학교의 경영학과에 입학했다고 했지.'

"선생님. 저는 학원도 다니지 않고 학교 공부만 했고, 대회에서 상을 탄 적이 없는데 괜찮나요?"

"그럼, 넌 대학교에서 경영학을 공부하고 싶다고 했잖아. 지금도 그러니?"

"네, 지금은 목표가 더욱더 뚜렷해졌어요. 반드시 큰 회사를 운영하는 경영인이 되어 돈을 많이 벌 거예요."

"그래서 너를 추천하려고 한단다. 입학사정관제에서는 교과 성적도 중요하지만 꿈과 목표를 이루기 위한 자발적인 학습 계획과 노력을 높게 평가하거든."

대로는 선생님의 말씀을 들으면서 점점 입이 벌어졌다. 사실 그동안 알게 모르게 고민이 많았다. 한국대학교나 발해대학교의 경영학과에 들어가려면 지금보다 성적을 올려야 하는데, 남들처럼 학원을 다니고 과외를 받느라 시간을 몽땅 뺏기기는 싫었기 때문이다.

"선생님, 그럼 성적이 좀 낮아도 입학사정관제로 대학교에 갈 수 있어요?"

"물론, 성적만으로 평가하는 제도가 아니거든. 입학사정관제는 공부를 열심히 하면서 자기계발을 하는 학생들을 뽑는 제도야. 요즘은 세계적으로, 많은 대학교에서 입학사정관제로 학생들을 뽑는단다. 미국 대학교도 입학사정관제로 학생들을 뽑지. 선생님이 생각하기에 우리나라에서도 앞으로 대학교나 고등학교에서 신입생을 뽑을 때, 입학사정관제로 뽑는 비율이 더 많아질 거야."

"아, 그렇군요. 그럼 순종이는요?"

대로는 입학사정관제에 대해 설명을 들었지만 아직 미심쩍었다.

"다시 말하지만, 입학사정관제는 공부를 못하는 학생들을 구해 주는 제도가 아니야. 마찬가지로 공부만 잘하는 학생들을 뽑는 제도도 아니고. 장래 목표가 뚜렷하고, 목표를 이루기 위해 스스로 계획을 세워 노력하는 학생들에게 기회를 주는 제도란다. 그래서 당장 교과 성적이 아니라 앞으로 발전할 가능성을 보고 평가하지. 아무런 목표도 없이 무작정 공부만 하는 아이들보다 성적이 좀 낮아도 자기 꿈을 향해 꾸준히 노력하는 아이들이 입학사정관제에서는 훨씬 유리해."

"목표가 확실하고, 꾸준히 노력하는지 안 하는지 어떻게 알아요? 학생들을 일일이 찾아가서 만날 수는 없을 텐데……."

대로는 이해되지 않는 듯 고개를 갸우뚱거렸다. 그러자 선생님이 빙긋 미소를 지었다.

"입학사정관들이 일일이 직접 찾아가서 학생들이 어떻게 생활하는지 알아본단다."

"예! 그 많은 학생을요? 우아, 장난 아니다."

대로는 눈이 휘둥그레졌다. 아무리 선생님이 하는 말이라도 쉽게 믿을 수 없었다. 한두 명이 아닌 학생들을 언제 찾아가 확인하나 싶었다.

"입학사정관이라는 선생님들이 원서를 낸 학생들을 찾아다니며 학생들이 실제로 어떻게 생활하는지 알아본단다. 대상 학생과 직접 이야기하기도 하고, 친구들과 이야기를 하기도 하지."

대로는 예전에 중앙공원에서 벼룩시장을 할 때가 떠올랐다. 당시 어떤 아저씨가 대로 옆에서 물건을 팔던 '천사들의 합창' 동아리 학생들에게 이것저것을 묻고, 노트에 적었다. 어쩌면 그 아저씨도 입학사정관이라 학생들을 살펴보러 나왔는지도 몰랐다.

"그런데 선생님, 왜 저를 추천하려고 하세요? 순종이도 경영학과에 들어가고 싶어 하거든요. 순종이에게도 물어보셨어요?"

"순종이는 전문경영인이 장래 목표라고 하지만, 공부 외에 다른 활동을 하지 않았더구나. 그래서 입학사정관제에 순종이를 추천할 수 없어. 반면 넌 경영인이 되겠다는 꿈이 확실하고, 대학교에서 경영학을 공부하겠다는 계획이 있잖니? 더군다나 평소에 벼룩시장과 온라인 장터에서 물건을 팔고, 펀드와 주식 투자를 하고. 선생님이 보기에 대로 너는 꿈을 이룰 준비가 되었어. 그래서 네가 입학사정관제에 딱 맞는 학생이라고 생각한단다."

선생님의 이야기에 대로는 용기가 났다.

"네, 알았어요. 선생님, 그럼 제가 무엇을 준비해야 해요?"

"자기소개서를 써 오렴. 글을 잘 못 써도 괜찮다. 네가 꼭 이루고 싶은 장래 목표와 목표를 이루기 위해 지금까지 해 온 일들을 솔직하게 쓰면 돼. 나머지 서류는 선생님이 준비할게."

"고맙습니다, 선생님."

대로는 선생님에게 인사하고 밖으로 나왔다. 집으로 돌아오는 내내 가슴이 두근두근 뛰었다. 윗뫼 고등학교에 지원한다니, 스스로 믿어지지 않았다.

대로는 집으로 돌아오자마자 컴퓨터를 켰다. 오늘은 PC실을 쓸 일이 없어서 학교에서 주식 동향을 살펴보지 못했었다.

"아니, 이게 뭐야? 반 토막이 났잖아!"

대로는 맥이 탁 풀렸다. 대로가 산 GH소프트의 주가가 무려 반이나 떨어졌기 때문이었다. 일본 회사와 수출 계약을 맺은 게임 소프트웨어가 중국으로 몰래 빼돌려졌고, 이 사실을 안 일본 회사가 GH소프트를 상대로 손해배상소송을 걸었다고 했다. 만약 대로가 계속 주가 그래프와 뉴스를 보았다면, 이처럼 반 토막이 나기 전에 주식을 팔았겠지만 학교에서 공부하느라 미처

손을 쓰지 못했다.

'엄마, 아빠가 말릴 때 들을걸. 내가 어떻게 번 돈인데……'

대로는 속이 쓰려서 참을 수 없었다. 재활용품 더미를 들추며 열심히 물건을 고르던 일, 벼룩시장에서 사람들과 흥정하던 일, 위층 재원이를 어르고 달래며 영어책을 읽어 주던 일 등이 머릿속을 스치고 지나갔다. 눈물이 났다. 아버지 말을 듣지 않은 자신이 후회스럽고, 자신을 강하게 뜯어 말리지 않은 아버지가 원망스러웠다. 그때였다.

"네가 선택하고 결정했으면, 어떤 결과가 나오더라도 네 스스로 책임져야 해."

호영 아저씨가 한 말이 생각났다. 대로가 주식 투자를 마음먹었을 때, 호영 아저씨는 단호한 목소리로 딱 잘라 말했다. 본인이 선택하고 결정했다면, 성공도 실패도 모두 본인의 몫이고 책임이니 누구도 탓하지 말라고 했다. 대로는 호영 아저씨의 말을 되새기며 마음을 다잡았다.

내일은 호영 아저씨를 찾아가 주식 투자에 대해 좀 더 이야기를 나누어 봐야겠다고 생각했다.

"호영 아저씨 그간 안녕하셨어요?"

"오! 그래, 대로구나. 바쁜 대로 사장께서 그냥 아저씨가 보고 싶어서 온 건 아닐 거고."

"헤헤! 아저씨가 보고 싶긴 했지만요. 사실 궁금한 것도 있어요. 이번에 큰 손해를 본 GH소프트주식을 팔아야 할지, 아니면 좀 기다려야 할지 하는 것과, 어떻게 하면 주식을 직접투자하고도 손해를 보지 않고 이익을 낼 수 있을지 알고 싶어서요."

"정말 어려운 질문이구나. 그걸 쉽게 알 수 있다면 나도 지금 큰 부자가 되어 있을걸. 그러나 몇 가지 원칙은 있단다."

"그게 뭔데요?"

대로는 아저씨에게 바싹 다가가며 물었다.

"우선 주식가격은 그 주식을 발행한 회사의 가치라는 거야. 그런데 그 가치는 두 가지가 있단다. 하나는 내재가치라는 것인데, 실제의 회사 가치야. 그리고 다른 하나의 가치는 시장에서 사고팔 때 나타나는 시장가치가 있지. 그런데 '내재가치'와 시장에서 평가하는 '시장가치'는 다르단다. 그래서 시간이 지나면 사람들은 그때 실제 가치를 비로소 알게 되지. 그럴 때 실제 내재가치가 낮게 평가되어서 시장에서 싼값에 팔리고 있다면 점점 가격이 올라가서 내재가치와 시장가치가 같아지게 된단다. 그리고 반대로 시장가치가 내재가치보다 너무 높게 평가되어 있다면 시장에서 값이 내려가겠지. 너라면 주식을 살 때는 어떤 주식을 사는 것이 좋겠다고 생각하니?"

"시장가치가 내재가치에 비해서 싼 거요. 그런 주식은 앞으로 값이 올라갈 테니까요."

대로가 당연하다는 듯이 대답했다.

"그런데 그 내재가치를 어떻게 알 수 있죠?"

대로가 다시 질문했다.

"그것은 회사의 재무제표라는 것을 보고 알아낼 수 있어. 그리고 재무제표를 보기 위해서는 회계학을 공부해야 한단다. 그러니 주식에 투자하기 위해서는 적어도 회사의 재무제표를 볼 수 있는 회계학 지식은 어느 정도 알고 있어야 해."

"그럼 주식에 투자하는 사람들은 모두 회계학 공부를 했나요?"

"아니야, 오히려 제대로 하지 않은 사람들이 더 많을걸. 그러니까 문제야. 경제학을 공부해서 시장경제와 세계경제의 흐름을 좀 알고 회계학을 공부해서 회사의 내재가치 정도는 알아낼 수 있을 때 투자를 해야 하는데……."

아저씨는 혀를 끌끌 차면서 말했다.

"그렇게만 하면 주식에 투자해서 확실히 돈을 벌 수 있겠네요?"

"아니다."

"또 있어요?"

"그래, 갑자기 나타나는 사건들도 주식가격에 영향을 미치지. 가령 네가 산 주식을 발행한 회사인 GH소프트 회사에 이번에 그런 일이 있을 것을 어떻게 알았겠니? 그리고 경제학을 공부하면 경제를 판단하는 능력은 키울 수 있겠지만, 여러 가지 판단자료인 필요한 정보들은 열심히 알아내야 한단다. 그래서 신문 스크랩도 열심히 하면서 공부해야 하는 것이지."

아저씨의 말씀이 끝나자마자 기다렸다는 듯이 전화벨이 울렸다.

"아저씨 전화 받으세요. 저 가볼게요. 오늘 고마웠습니다. 안녕히 계세요."

"그래 잘 가라! 또 놀러 오고."

며칠 뒤, 대로는 담임선생님의 부름을 받고 상담실로 갔다. 상담실에는 담임선생님과 낯선 아저씨가 앉아 있었다. 낯선 아저씨가 대로에게 물었다.

"네가 대로니?"

"네, 누구세요?"

"나는 윗뫼 고등학교에서 나온 입학사정관이란다."

대로는 내심 놀랐다. 입학사정관이 직접 학생을 찾아온다는 이야기를 들었지만, 이렇게 빨리 자기를 찾아올 줄 몰랐다.

"선생님에게 네 이야기를 들었는데, 아주 흥미롭더구나. 주말마다 벼룩시장에서 물건을 팔고, 친구들이 안 쓰는 물건들을 싸게 사서 온라인 등에 되판다면서?"

"맞아요. 그래서 제 별명이 고물장수예요. 저희 아파트에서도 중고 물건을 내놓을 때 제게 연락해요. 그럼 제가 물건을 받아 중고 사이트 등에 연락해서 팔지요. 물건이 팔리면 원래 주인과 제가 물건 값을 반반씩 나누어 가져요."

"음, 그렇구나. 언제부터 중고 물건을 팔았니?"

"초등학교 5학년 때부터예요. 저희 엄마랑 주말 벼룩시장에 나갔다가 폭 빠져 버렸어요. 자기에게 필요 없는 물건이 다른 사람에게 필요한 물건이 되고, 서로 물건 값을 흥정하는 일이 정말 즐거워 보였거든요. 그래서 저도 저랑 동생이 쓰던 장난감이나 옷가지 등을 들고 벼룩시장에 나갔어요. 물건을 다 판 뒤에는, 다른 사람들이 버린 물건 가운데 쓸만한 물건을 주워 잘

손질해서 팔기 시작했고요."

입학사정관 아저씨는 대로의 이야기가 즐거운 듯했다. 연신 고개를 끄덕이고 맞장구를 쳐 주었다. 그럴수록 대로는 더욱 신이 나서 재잘재잘 이야기했다. 대로는 벼룩시장에 본 '천사들의 합창' 동아리 이야기, '태양보육원'에서 연주했던 일, 석준 형과 호영 아저씨를 만나 온라인 쇼핑몰과 투자에 대해 배운 이야기, 실제로 펀드와 주식에 투자한 경험 등 지금까지 자신이 해 온 일을 솔직하게 모두 이야기했다. 입학사정관 아저씨는 대로의 이야기를 주의 깊게 듣다가 때때로 무언가를 적었다.

"얘기 잘 들었다. 대로 너처럼 능동적인 학생이야말로 윗뫼 고등학교가 원하는 학생이지. 부디 좋은 결과가 있기를 바란단다."

"네, 고맙습니다."

이야기를 마친 대로는 입학사정관 아저씨와 선생님에게 인사하고 물러났다. 입학사정관 아저씨와 선생님은 이야기를 더 나누신다고 했다. 교실로 돌아오자 친구들이 앞다투어 물었다.

"야, 대로야! 너 윗뫼 고등학교에 원서 냈다며?"

"응, 선생님에게 들었니?"

"아니, 아까 입학사정관이라는 아저씨가 와서 말하더라고. 그 아저씨가 너에 대해 꼬치꼬치 캐물었거든."

대로는 입학사정관의 빠른 행동력에 혀를 내둘렀다. 자기도 모르는 새 자기 주변에 대한 조사가 착착 이루어지는 듯했다. 어쩌면 지금 집에 찾아가 어머니와 이야기하는지도 몰랐다.

"엄마는 정말 너한테 실망했다. 넌 대체 다른 사람을 전혀 생각하지 않니? 왜 항상 네 멋대로야!"

어머니가 흑흑 흐느끼며 대로를 나무랐다.

"여보, 대로를 끝까지 믿어 줍시다. 대로도 다 생각이 있으니까 그랬겠지."

옆에서 아버지가 어머니를 달랬다. 그러자 어머니는 더 성이 나서 아버지에게 따져 물었다.

"생각해 봐요. 아무나 가지 못한다는 그 윗뫼 고등학교에 떡 하니 합격해 놓고서 일반 고등학교에 간다잖아요! 아니, 담임선생님뿐만 아니라 교장 선생님까지 축하하고 응원해 주었는데 실망을 시켜도 작작 시켜야지. 이게 말이 돼요?"

"물론, 나도 아쉽지만 이 문제는 대로의 문제지, 우리 문제가 아니잖소. 대로는 지금까지 혼자 잘해 왔고, 윗뫼 고등학교도 제 힘으로 합격했어요. 난 우리 대로를 믿소."

대로는 말없이 부모님의 이야기를 들었다.

대로가 명문 윗뫼 고등학교에 합격한 사실을 알렸을 때, 어머니는 대로를 끌어안고 펑펑 울었었다. 아버지는 퇴근하자마자 커다란 케이크를 사들고 오셨고, 지수는 고사리 손으로 꼬물꼬물 만든 네잎 클로버 장식 고리를 선물로 줬었다. 그날 밤, 대로네 가족은 아버지가 사온 케이크로 떠들썩한 축하 파티까지 열었었는데.

"엄마, 죄송해요."

대로가 힘들게 입을 열었다. 윗뫼 고등학교에 가지 않겠다고 마음먹기까지 대로는 며칠 동안 잠을 이루지 못하고 고민했었다. 대로도 내로라하는 명문 윗뫼 고등학교에 들어가고 싶었다. 하지만 윗뫼 고등학교에 들어가면 기숙사 생활을 해야 하고, 자연히 중학교 때처럼 자유롭게 생활할 수가 없다. 재활용품을 모아 벼룩시장에 파는 일은 아예 포기해야 한다.

그래서 대로는 고민을 거듭하다 윗뫼 고등학교가 아니라 일반 고등학교에 들어가기로 결정을 내린 것이었다. 일반 고등학교에 들어가면 학교 공부를 하는 틈틈이 중고품 장사와 주식 투자, 경제 및 회계 공부 등 하고 싶은 일을 할 여유가 있다고 판단했기 때문이다.

"저, 열심히 할게요. 절대 실망시키지 않을 테니까 절 믿어 주세요. 네?"

대로는 필사적으로 어머니를 설득했다. 어머니를 속상하게 하고 싶지도 않았고, 자신이 옳다고 믿는 일을 포기하기도 싫었다. 진심으로 어머니를 설득하고, 격려와 응원을 받고 싶었다. 마침내 어머니는 눈물을 거두고 대로에게 말했다.

"대로 너, 한숲 고등학교에 가면 더 열심히 공부해야 한다. 네 스스로 윗뫼 고등학교에 가지 않았으니 책임을 지고 성적을 올려야 해. 그럴 자신 있어?"

"엄마, 엄마 아들 대로한테 노력을 빼면 뭐가 남겠어요? 걱정하지 마세요. 한숲 고등학교에서 더 부지런히 노력할게요. 그래서 꼭 한국대학교에 들어가겠어요. 약속할 수 있어요!"

어머니는 그제야 고개를 끄덕였다. 아버지도 안심이 되는 듯 빙긋 웃었다.

"역시 우리 아들이야! 내가 뭐랬소? 대로야, 지금 네 말을 잊지 말렴."

"네. 아빠, 엄마! 고맙습니다."

12 내 사랑 경제!

"다 큰 애가 무슨 동화책이야? 얘, 책 그만 보고 얼른 밥 먹어."

"아……, 여기까지만 읽고요."

대로는 밥 먹으면서도 책에서 눈을 떼지 못했다. 지수가 책을 흘낏 쳐다보고 물었다.

"오빠, 그 책 재미있어? 제목이 뭐야?"

대로는 지수의 말을 못 들었는지 고개만 끄덕일 뿐, 대꾸하지 않았다. 지수가 다시 한 번 물었다.

"오빠, 제목이 뭐냐고!"

"아, 미안. <판타지 혼스터 왕국의 신나는 경제여행>이라는 책이야. 경제에 대해 아주 쉽고 재미있게 쓰여 있는걸. 경제내용이 빈약하지도 않고. 너도 한 번 읽어 볼래?"

원래 책을 좋아하는 대로였지만, 이 책은 어렵고 딱딱한 경제이론을 이야기로 쉽게 풀어 놓아 내용이 머릿속에 쏙쏙 들어왔다. 대로는 책을 읽으며 그동안 장사를 하며 겪었던 이런저런 부분들이 이론적으로 쉽게 정리가 되는 것을 느꼈다.

"아참, 지수야. 너 전에 오빠가 윗뫼 고등학교에 합격했을 때 선물로 줬던 네잎 클로버 장식 고리 있잖아. 그거 또 만들어 줄 수 있어?"

갑자기 대로가 책장을 덮으며 물었다. 지수는 무슨 뜻이냐는 듯 눈을 동그랗게 떴다.

"왜?"

"우리 반 여자 애들이 좋아하더라고. 네가 더 만들 수 있으면 애들한테 팔아 볼까 해."

"하여튼 뭐든지 팔 생각만 하지, 누가 오빠를 말리겠어. 그런데 오빠, 네잎 클로버가 왜 행운을 상징하는지 알아?"

"음, 글쎄 모르겠는데."

"후후, 그럴 줄 알았어. 옛날에 '나폴레옹'이 전쟁 중에 우연히 신기한 풀을 봤대. 가까이 보려고 고개를 숙이는 순간, 총알이 나폴레옹 머리 위를 스치고 갔어. 만약 그때 나폴레옹이 고개를 숙이지 않았다면 죽은 목숨이었겠지? 그 풀이 바로 네 잎 클로버래. 그때부터 네 잎 클로버가 행운을 상징하게 되었고."

지수는 웃으며 화분 하나를 들고 왔다. 화분에는 네 잎 클로버가 싱싱하게 자라나 있었다. 지수는 네 잎 클로버를 사랑스러운 듯 쓰다듬었다.

"내가 엄마랑 칠보산에 놀러갔을 때 밭둑에서 찾았어. 네 잎 클로버만 따로 심으면 어떻게 될지 궁금해서 뿌리째 캐 왔지. 혹시나 싶어 화분에 심었는데 정말 이렇게 네 잎 클로버가 자랐지 뭐야. 예쁘지?"

지수는 방긋 웃으며 베란다에 놓아 둔 큼직큼직한 화분을 가리켰다.

"이 커다란 화분에는 머루포도를 심었어. 머루나무와 포도나무를 접붙이면 머루포도가 열린다잖아. 정말 그런지 확인하고 싶어서 어렵게 구해 왔지."

대로는 어느새 훌쩍 커 버린 지수가 놀랍고 대견했다. 마냥 어릴 줄로만 알았던 동생은 누가 시키지 않았는데도 자기가 하고 싶은 일을 스스로 하고 있었다. 대로는 지수의 머리를 쓱쓱 쓰다듬었다.

"그럼 이제 장식 고리를 많이 만들 수 있겠네. 네가 장식 고리를 만들면 오빠가 몽땅 팔아 올게. 물론 이익금은 반씩 나누고."

"잘됐다. 마침 우장춘 박사 책을 다 읽었거든. 오빠한테 돈을 받으면 책 사러 가야겠다. 이번에는 김순권 박사 책을 사야지."

지수는 손뼉을 치며 좋아했다. 대로는 싱긋 웃으며 지수의 등을 한 번 툭 치고, 자기 방으로 들어갔다.

"야! 나대로! 너 요즘 수학 공부 열심히 하는구나?"

성욱이가 대로 자리로 와서 한 마디 했다. 대로는 성욱이를 쳐다보지도 않고 풀던 문제를 쓱 내밀었다.

"너 마침 잘 왔다. 이 문제 좀 풀어 봐."

성욱이는 대로네 반에서 수학을 가장 잘하는 아이였다. 대로는 수학 문제가 잘 풀리지 않을 때마다 성욱이를 찾아가 물었다.

"와, 너 이런 문제를 풀었어? 대입에나 나올 문제인데?"

"응, 경제 공부를 하려면 수학을 잘해야 한다더라. 내 생각도 그렇고."

대로는 대답하면서도 연필을 멈추지 않았다. 요즘 대로는 수학 공부를 하느라 정신없었다. 원래 수학을 좋아하는데다 수학이 경제 공부에 도움이 된다는 이야기를 듣고, 본격적으로 수학 공부에 파고들기 시작했다.

"대로야, 김광재 선생님이 오늘 한 턱 쏘신대."

태승이가 교실로 들어오면서 말했다. 영경이, 수희, 승면이, 태진이, 유나는 다른 학교로 가고 태승이만 대로와 한숲 고등학교에 같이 진학한 것이다.

"오호라, 어쩐 일로 쏘신대?"

"이제 시험이 얼마 안 남았잖아. 시험 잘 보라고 사모님께서 맛있는 요리를 해 주신대."

태승이는 맛있는 요리 생각에 들떴는지 싱글벙글했다. 대로도 웃으며 물었다.

"그렇구나. 다른 애들에게도 말했어?"

"응, 다 가기로 했어."

옆에서 성욱이가 끼어들었다.

"그러고 보니 이번에 너희 시험 있지? 경제 뭐더라?"

"아하, 경제한마당 대회야. 경제연구 동아리 애들 모두 응시하기로 했어."

대로는 한숲 고등학교에 입학한 얼마 뒤에 경제연구 동아리를 만들었다. 경제 공부를 하느라 여념이 없는 대로에게 태승이가 그룹 스터디를 제안했고, 이 그룹 스터디가 커져서 경제연구 동아리가 되었다.

요새는 경제 과목을 가르치는 김광재 선생님에게 지도를 받으며 경제경시 대회를 준비하고 있었다. 서로 예상 문제를 내고, 토론을 하면서 날마다 아주 열심이었다. 이처럼 학생들이 자발적으로 특기 분야를 열심히 공부하는 모습은 추첨제 일반 고등학교에서는 흔치 않은 일이었다.

"김 선생, 그게 정말이오?"

교장 선생님은 믿겨지지 않는 듯 떨리는 목소리로 재차 물었다.

"틀림없습니다. 나대로가 이번 '경제한마당'에서 대상을 받았습니다. 장려상도 세 명이나 받았습니다."

대답하는 김광재 선생님 역시 감격에 겨운지 눈시울이 붉었다.

"김 선생, 정말 수고 많았소. 다 선생님이 아이들을 잘 가르쳐 주신 덕분이지요."

교장 선생님은 김광재 선생님의 어깨를 붙잡고, 격려와 칭찬을 아낌없이 쏟았다. 그러나 선생님은 고개를 설레설레 저었다.

"아닙니다. 제가 한 일이 뭐 있겠습니까? 아이들이 스스로 공부를 열심히 해서 거둔 결실입니다. 저는 옆에서 도왔을 뿐이고요."

"겸손이 과하십니다. 선생님도, 아이들도 모두 우리 학교의 보배요. 특히 대상을 받은 나대로 학생! 전교의 모범으로 삼아야겠소. 하하하."

그러자 김광재 선생님이 조심스레 말했다.

"저, 교장 선생님. 그래서 이번에는 대로를 '주식모의 투자대회'에 내보낼까 합니다."

"주식모의 투자대회요?"

"네, 장래증권과 국민사관고등학교에서 주최하는 청소년 주식모의 투자대회가 있거든요. 대로는 경제 이론에 밝고, 실제로 주식 투자를 한 경험이 있으니 순위권 안에 들 것이라 생각합니다."

"오호, 좋습니다. 김 선생이 책임지고 대로를 대회에 내보내세요. 대로가 경제한마당에 이어 이번 투자대회까지 입상하면 우리 학교 위상이 껑충 뛰어오를 거요. 김 선생, 어깨가 무겁습니다."

"네, 교장 선생님. 최선을 다하겠습니다."

"야, 축하한다! 나대로."

"설마 했는데 진짜 받을 줄이야. 나대로, 비법이 뭐냐, 응?"

"대상 받았으니 한턱 쏴야지. 어딜 그냥 넘어가려고."

한숲 고등학교는 월요일 아침부터 떠들썩했다. 청소년 주식모의 투자대회에서 대로가 다른 쟁쟁한 명문고생들을 물리치고, 당당히 대상을 수상했기 때문이다. 학교 정문 앞에서는 대로의 대상 수상을 축하하는 커다란 플랜카드가 걸렸다.

"대로야, 어떻게 하면 너처럼 주식을 잘하냐?"

"그러게. 주식을 잘하면 돈 많이 번다며? 대로야, 나도 주식 잘하는 법 좀 가르쳐 줘!"

대로는 여기저기에서 쏟아지는 질문에 정신을 차릴 수 없었다. 수상을 축하해 주는 친구들이 고마웠지만 행여 자기를 따라한다고 덜컥 주식 투자를 시작할까 걱정되었다.

"뭘, 나도 처음엔 손해를 많이 봤어. GH소프트를 샀다가 반 토막이 난 적도 있어."

대로는 주식 투자를 시작하던 때를 떠올렸다. 믿고 샀던 GH소프트 주가가 뚝 떨어져서 얼마나 의기소침했었는지 모른다. 다행히 시간이 지나면서 GH소프트 주가가 오르기는 했지만, 대로는 아무 지식 없이 무턱대고 주식 투자를 하면 안 된다는 깨달음을 얻었다. 그 뒤로 각종 경제 관련 책을 섭렵했으며, <톰슨 경제원론>의 번역판과 영어로 된 원서까지 사다 보았다. 날마다 경제 신문을 거르지 않고 정독했으며, 틈틈이 재무회계를 공부했다. 그 덕분에 대로는 재무제표 등 기업의 재무회계 자료를 분석하고, 국내 및 국제 경제 동향을 어느 정도 읽어내는 실력을 갖추었다. 이번 주식모의 투자대회에서 대로가 대상을 차지한 까닭은 바로 탄탄한 실력이 뒷받침되었기 때문이었다.

대로는 문득 아버지가 누누이 강조하던 고사성어가 생각났다.

"정신일도하사불성(精神一到何事不成)이라는 말이 있어. 정신을 한 곳에 집중해서 노력하면 이루지 못할 일이 없다는 뜻이지. 대로야, 하고 싶은 일이 있으면 절대 한눈을 팔지 마라. 정신을 집중하면 이루지 못할 일도 이루지만, 한눈 팔면 쉽게 이룰 일도 이루지 못한단다."

정말 그랬다. 대로는 경제 공부에 폭 빠져 몰두한 결과, 실력이 몰라보게 쑥쑥 늘었다. 경제한마당 경시대회에서 대상, 모의주식 투자대회에서 대상, 그뿐만이 아니었다. 대로는 실제 투자에서도 꽤 높은 수익을 올렸고, 예전 GH소프트 때처럼 엄청난 손실을 입는 일은 그 뒤로 단 한 번도 없었다.

대로는 친구들을 보며 씩 웃었다.

"주식이나 경제에 관심 있으면 우리 경제연구 동아리에 들어와. 일단 공부를 해야 주식 투자를 하든, 돈을 벌든 하지 않겠어? 내가 아주 빡세게 가르쳐 줄게. 하하하."

13 끝 그리고 다시 시작

"대로 어머니는 듬직한 아들을 두어서 좋으시겠어요."

"대로에게 어릴 때 어떤 공부를 시켰어요?

늦은 오후, 아파트 단지 입구가 여러 아주머니로 복작복작했다. 극성맞은 아주머니들이 시장을 보러 나가던 대로 어머니를 붙잡고 질문 공세를 퍼붓고 있었다. 예전에는 재활용품을 들추는 대로를 보고 넝마주이니 거지니 흉보던 아주머니들이었다. 그러다 대로가 잇달아 각종 대회에서 수상하자 손바닥 뒤집듯 태도를 확 바꿔 칭찬 일색으로 나오니 사람 마음이란 참 알다가도 모를 노릇이었다.

"우리 애는 학원을 몇 군데나 보내는데 성적이 안 올라서 걱정이에요. 대로처럼 공부를 잘하게 하려면 어째야 하나요?"

대로네 앞 동에 사는 희준이 어머니가 얼굴을 찡그리며 물었다. 그러자 대로 어머니가 조용히 대답했다.

"저는 대로에게 해 준 게 하나도 없어요. 아니, 해 주고 싶어도 해 줄 수 없었어요. 워낙 제 하고 싶은 대로 하는 아이거든요. 제가 하고 싶지 않으면 아무리 시켜도 안 하고, 제가 하고 싶으면 뜯어 말려도 꿋꿋이 했어요."

더도 덜도 아닌 사실 그대로였다. 대로 어머니는 가슴이 찡했다. 하라는 공부를 안 하고 만날 쓸데없는 짓만 하고 다닌다며 나무라기만 한 자신이 부끄럽고, 저 하고 싶은 일을 꿋꿋이 하며 남들에게 인정받는 대로가 자랑스러웠다.

"에이, 말도 안 돼요. 저기 15층에 사는 순종이 있죠? 그렇게 말 잘 듣고 공부 잘하던 애도 사춘기가 되니까 다른 애가 되었잖아요. 아니 글쎄, 자기 엄마, 아빠에게 소리를 버럭버럭 지르며 책을 집어던진다지 뭐예요."

대로네 위층에 사는 미애 어머니가 고개를 가로저으며 말했다. 순종이네 앞집에 사는 경식이 어머니도 한 마디 했다.

"그러게, 큰뜻 외국어 고등학교에 다니면 뭘 해요. 가족끼리 날마다 큰 소리로 싸우고 난리를 치니 아주 시끄러워서 못 살겠어요."

경식이 어머니는 주위를 한 번 쓱 둘러보더니, 목소리를 낮추어 소곤거렸다.

"얼마 전에 대로가 경제한마당 대회에서 대상을 받았잖아요? 그런데 순종이는 외국어 경시 대회에 나가서 입상도 못했대요. 대로는 일반 고등학교에 다니면서도 상을 받고, 순종이는 특목고에 다니면서도 떨어졌다고 순종이 아빠가 단단히 화가 났대요. 순종이 아빠는 순종이 엄마에게 도대체 애 교육을 어떻게 시켰냐고, 그 애 엄마는 애가 아빠 머리를 닮아서 그렇다고 밤새도록 싸워대지 않겠어요. 순종이는 왜 억지로 하기 싫은 공부를 시키느냐고 대들고. 아유, 말도 말아요."

경식이 어머니는 생각하기도 싫은 듯 진저리를 쳤다. 희준이 어머니는 이때다 싶어 얼른 대로 어머니에게 물었다.

"공부 잘하기로 소문난 특목고, 자사고 애들이 그런 대회에서 상을 받잖아요. 그런데 대로는 일반 고등학교에 갔는데도 어떻게 대상을 탔데요? 틀림없이 비싼 과외를 받았겠죠?"

"대로는 과외 시킨다고 고분고분 할 애가 아니에요. 뭐든 자기가 좋아해야 열심히 하거든요. 사실 주식도 엄마, 아빠가 하는 말을 안 듣고 시작했다가 엄청 손해 봤어요. 그 돈을 다시 찾겠다고 열심히 공부하더니 기어이 투자 대회에서 상을 받았네요."

대로 어머니는 남의 이야기인양 덤덤히 말했다. 그럴수록 아주머니들은 더욱 안달이 났다.

"우리 애는요, 아무리 공부해라 잔소리를 해도 듣지 않아요. 틈만 나면 컴퓨터니 TV만 찾고, 억지로 책상 앞에 앉히면 꾸벅꾸벅 졸고. 아이고, 답답해."

경식이 어머니가 가슴을 탁탁 쳤다. 그러자 대로 어머니가 고개를 끄덕끄덕했다.

"저도 대로 때문에 얼마나 애간장을 태웠는지 몰라요. 아무래도 애 이름을 잘못 지었는지, 아주 제멋대로 하거든요. 이거 해라, 저거 하지 마라, 말해 뭐해요. 귓등으로 흘려 듣고 결국 저 하고 싶은 대로 하는데."

대로 어머니는 한숨을 푹 내쉬었다. 하지만 말과 다르게 입가에는 흐뭇한 미소가 어렸다. 대로 어머니는 갑자기 생각난 듯 몇 마디 덧붙였다.

"아, 한 가지 있네요. 대로가 한글을 뗀 다음부터 날마다 일기 쓰는 습관을 들였어요. 일기 쓸 때 제가 옆에 꼭 붙어서 봐 주었지요. 그날 어떤 일이 있었고, 어떤 생각을 했는지 쓰게 하고, 내일 무엇을 할지 생각하게 했어요. 초등학교 2학년 때부터는 제가 따로 봐 주지 않았는데, 습관이 잘 들었는지 알아서 꾸준히 쓰더라고요."

"그럼 영어는요? 대로는 영어를 어떻게 공부했대요?"

희준이 어머니가 또 물었다. 대로 어머니는 잠시 생각하더니 잘 모르겠다는 표정을 지었다.

"대로가 어릴 때 아주 쉬운 영어 동화책을 꾸준히 읽혔어요. 놀 때는 영어 동요를 옆에 틀어 줬고요. 딱히 학원을 보내거나 과외를 시킨 적은 없어요. 물론 어학연수도 안 보냈지요. 그랬는데 저 혼자 알아서 무료 해외펜팔 사

이트에서 친구들을 사귀어서 영어로 메일을 주고받더라고요. 언제더라, 한 번은 태극기에 대해 영어로 설명하느라 일주일이나 고생하데요. 결국은 애 아빠가 옆에서 도와줬지만."

대로 어머니는 부끄러운 듯 얼굴을 살짝 붉혔다.

"전 정말 대로에게 아무것도 해 주지 않았어요. 그냥 씩씩하게 잘 크도록 뒷바라지만 했지요. 물론 애 아빠가 대로에게 잔소리를 못하게 하지 않았다면, 저도 순종이 엄마처럼 들들 볶았을지도 몰라요."

그러자 아주머니들은 너도나도 고개를 끄덕였다.

"우리 엄마들이 다 그래요. 아기를 낳았을 때는 공부 못해도 좋으니 건강하게만 커달라고 하는데요. 막상 학교에 들어가면 다른 애보다 공부를 못하면 어쩌나 싶어 학원이다 과외다 애를 죽일 듯 몰아붙이잖아요."

미애 어머니는 씁쓸한 목소리로 한탄했다. 경식이 어머니가 말을 이었다.

"맞아요. 우리 엄마들도 반성해야 해요. 무조건 공부만 시킨다고 애가 잘 되나요? 애가 타고난 재능을 크게 키우도록 엄마가 이끌어 줘야죠. 하지만 그걸 알면서도 잘 안 되네요, 휴."

모두 경식이 어머니의 말에 공감이 가는 듯 크게 한숨을 쉬었다.

"선생님, 자기소개서 써 왔어요."

"아니, 벌써 다 썼어? 다른 대학교도 아니고 한국대학교에 낼 원서인데 좀 더 신중하게 쓰지 그러니?"

"괜찮아요. 지금까지 제가 해 온 일과 앞으로 하고 싶은 일을 솔직하게 다 썼어요. 글 솜씨가 좀 부족하면 어때요. 저 나대로가 이 글 속에 고스란히 담겨 있는걸요."

대로는 싱긋 웃으며 자기소개서와 두툼한 바인더 노트를 내밀었다. 선생님이 의아스러운 표정으로 물었다.

"이게 뭐니?"

"마인드맵으로 그린 계획표예요. 지금까지 어떤 일을 할 때마다 먼저 할 일을 하나하나 떠올리고 계획표를 만들었거든요. 그걸 모아 만든 노트예요."

선생님은 감탄하며 자기소개서를 찬찬히 살펴보았다. 자기소개서에는 초등학생 시절 엄마와 함께 벼룩시장에 나간 일부터 현재 주식 투자를 하기까지 대로가 해 왔던 많은 일이 상세히 적혀 있었다. 또한 윗뫼 고등학교에 합격하고도 왜 한숲 고등학교에 입학했는지, 경제연구 동아리를 왜 만들었는지, 앞으로 한국대학교 경영학과에 들어가 어떻게 하겠는지 자신의 소신과 포부를 당당히 밝혀 놓았다.

"참 잘 썼구나. 그래, 고생했다. 선생님이 나머지 서류를 준비할 테니 넌 교실로 돌아가렴."

"선생님, 고맙습니다."

선생님은 대로를 돌려보내고, 몇 가지 서류를 더 챙겨서 봉투에 넣었다. 내신 성적과 경제 경시대회와 주식모의 투자대회에서 수상 경력 등을 증명하는 서류들이었다. 이제 대로가 한국대학교 입학사정관 전형에서 어떤 평가를 받을지 기다릴 일만 남았다.

대로는 한국대학교 정문에서 본관 건물까지 쭉 뻗은 길을 천천히 걸어 올라갔다. 수령이 제법 되어 보이는 아름드리나무들이 길게 늘어서 있고, 옆구리에 책을 낀 대학생들이 삼삼오오 교정을 누비고 있었다. 대로는 감격에 찬 눈으로 곳곳을 둘러보았다. 어느 하나 예사롭게 보이지 않았다. 그도 그럴 것이 오는 봄에 대로는 바라마지 않던 한국대학교의 신입생이 된다. 우리나라 최고 대학교인 한국대학교의 경영학과 신입생! 가슴이 터질 듯 두근거리고 실감이 나지 않았다. 정말 꿈만 같았다.

대로는 지난날들이 머릿속에서 스치고 지나갔다. 어머니와 끊임없이 부딪히면서도 자기 뜻을 꺾지 않았던 일, 친구들과 태양보육원에 연주봉사를 하러 갔던 일, 저녁 늦게까지 재활용품을 줍느라 동네 사람들에게 비웃음을 샀던 일 등. 때로는 어렵고 힘든 일도 있었지만 즐겁고 보람찬 일이 더 많았다.

대로는 숨을 크게 들이쉬고 하늘을 올려다보았다. 유난히 푸른 하늘에는 구름 한 점 없었다. 대로는 두 손을 입에 대고 힘차게 소리쳤다.

"한국대학교, 드디어 나대로가 왔다! 앞으로 잘 부탁해!"

대로는 깜짝 놀라 쳐다보는 사람들을 향해 싱긋 웃으며 가슴을 쭉 폈다. 이제 당당한 대학생 나대로, 새로운 시작이다!

부모와 함께 읽는 입학사정관제의 이해

나대로 이야기를 통해서 입학사정관제도가 어떤 학생을 원하는 입시제도인가를 짐작할 수 있었는지? 그럼 입학사정관제도가 구체적으로 무엇인지, 어떻게 입학사정관제 전형에 대비하여야 할지 본격적으로 살펴보기로 하겠다. 이 단원을 읽고 나면 입학사정관제 전형을 완전히 이해하게 되고, 입시에 자신을 갖게 될 것이다.

1장

왜 입학사정관제가 필요할까?

　이제 입학사정관제는 대학뿐만 아니라 고등학교까지 확대 시행되고 있다. 민족사관고등학교, 상산고등학교는 물론이고 외국어고등학교나 과학고 등 특목고들까지도 입학사정관제로 학생들을 모집하려고 한다. 교육부 장관 역시 특목고에서 입학사정관제 전형으로 학생을 선발하기 원한다면, 허용할 예정이라고 밝혔다. 이처럼 대부분의 학교에서 입학사정관제 전형을 시행하려는 이유는 입학사정관제도가 학교가 원하는 학생을 가장 잘 선발할 수 있는 제도이기 때문이다. 그렇다면 학교는 어떤 학생을 원하며 어떤 기준으로 학생을 선발하려고 할까?

1 | 학교에서는
      이런 학생을 원한다

우리는 어떤 사람들과 대화할 때 가장 편안할까? 보통 사람들은 상대의 말에 귀를 기울이고 핵심을 정확히 파악하는 사람, 상대가 하는 이야기를 듣고 자기 생각을 조리 있게 말하는 사람을 '말이 통한다.'라고 느낀다.

특히 대화 주제에 관심이 있고, 배경지식이 충분히 있는 사람과 이야기하면 더욱더 신 나고 즐겁기 마련이다.

학교도 마찬가지다. 선생님과 학생 사이에 이루어지는 수업도 대화의 한 형태다. 따라서 학생이 수업 전에 공부할 분야에 대해 깊은 관심과 충분한 배경지식을 갖추고, 선생님의 말에 귀를 기울이고 핵심을 정확히 파악한다면 수업이 아주 재미있고 흥미롭게 진행된다. 또한 이런 학생들은 대체로 강의에 대한 이해력과 집중도가 높고, 선생님의 견해에 대한 평가가 분명하며 자기 생각을 정확하고 조리 있게 표현한다. 그래서 학교에서는 공부할 분야에 대해 깊은 관심과 충분한 배경 지식을 갖추고, 수업을 받을 준비가 된 학생들을 원한다.

★학생을 선발하는 **중요한 기준**

첫째, 장래에 공부하려는 분야에 대한 뚜렷한 지원 동기와 성취 목표가 있는가? 공부하는 과정에서 아무리 어려운 장애가 있어도 결연하게 극복하고 계속 공부할 수 있는 성실성과 열의가 있는가?

둘째, 선생님들이나 다른 학우들과 대화하며 수업할 때 흥미를 갖고 이해

2 혁신적인 선발 제도의 필요성에서 나온 입학사정관제

🎓 입학사정관제의 탄생 배경

그동안 학교와 정부는 서로 입학 전형 방법을 두고 끊임없이 부딪혔다. 학교는 문제를 어렵게 출제해서 학생들의 지식수준을 파악하고자 했고, 정부는 공교육을 바로 세우기 위해 학교에 문제를 쉽게 출제하도록 요구했다. 그러다 보니 우리나라는 입시 전형이 여러 차례 바뀌며 진통을 겪게 되었다.

학원 등 사교육 시장은 팽창해졌고, 학생과 학부모들은 입시 전형이 바뀔 때마다 혼란스러워 했다. 그러다 드디어 학교와 정부가 뜻을 같이 하는 제도가 탄생하게 되었다. 그것이 바로 입학사정관제다.

🎓 입학사정관제의 발전 가능성

학생과 학부모, 심지어 입시전문가 사이에서도 입학사정관제 역시 그간의 입시 제도처럼 곧 사라질 것이라고 생각하는 사람들이 있다.

다음 이야기를 읽고, 입학사정관제의 발전 가능성을 생각해 보자.

옛날에 푸셔와 풀러라는 장사꾼이 살았다. 두 사람은 장사하는 방법이 정 반대였다. 푸셔는 자기가 보기에 잘 팔릴 만한 물건을 잔뜩 쌓아 놓고 팔았다. 하지만 사람들 대부분은 푸셔가 파는 물건을 잘 몰랐고, 푸셔는 물건을 팔기 위해 늘 목이 터져라 설명해야 했다.

풀러는 푸셔와 달랐다. 먼저 사람들이 가지고 싶어 하고, 값이 비싸고, 많이 팔리는 물건이 무엇인지 꼼꼼하게 조사했다. 그리고 그런 물건을 준비해 자신의 가게에 사람들이 원하는 양보다 적게 진열했다. 풀러는 사람들에게 물량이 많지 않으니 물건을 사고 싶으면, 서둘러야 한다는 말도 빼놓지 않았다.

자! 이 두 사람 가운데 누가 더 물건을 잘 팔았을까? 두말할 필요 없이 풀러다.

그렇다면 지금까지 대학교 입시에서 수험생들과 학교는 누구처럼 행동했을까?

학교에서는 학교 성적만 높은 학생들을 앞다투어 뽑았다. 전공을 공부하기에 적합한 학생인지, 학생마다 특성과 자질을 살펴보고 학생을 선발하려는 노력을 거의 하지 않았다.

수험생들도 자기가 가진 개인적인 특성과 자질을 고려하지 않고, 무턱대고 인기 대학의 인기학과에 입학하기를 원했다. 하지만 그런 학생들은 금방 전공에 대한 흥미를 잃고, 나아가 대학 생활 자체를 힘들어할 수 있다.

이렇게 지금까지는 학교에서 학생들을 뽑을 때 '푸셔' 처럼 행동해 왔다. 그러나 학교가 이제는 '풀러' 처럼 바뀌고 있다.

대학은 학생이 스스로 지원한 학과에 흥미를 느끼고 열정적으로 공부하는 학생을 찾기로 했다. 그래서 지원한 과에서 공부할 적성이 있는지, 뚜렷한 목표와 그것을 이루려는 열망을 갖추었는지, 타고난 재능이나 자질 등 잠재력을 가졌는지, 꼼꼼히 살펴서 성장 가능성이 높은 학생들을 선발하는 제도를 택했다. 이 제도가 바로 입학사정관제다. 그러므로 ==입학사정관제 전형은 계속 확대되어 시행될 것이다.==

3 | 중학교 · 고등학교 · 대학교의 입학사정관 제도의 비교

현재 국제중학교에서는 입학관리위원회를 두고, 실질적인 입학사정관제를 시행하고 있다. 고등학교에서는 민족사관고등학교나 상산고등학교 등에서, 대학교에서는 대부분의 학교가 입학사정관제를 실시한다. 그리고 전문대학 가운데에서도 입학사정관제를 도입하는 학교가 등장했다. 이처럼 입학사정관제는 신입생 선발 과정에서 모든 계층의 학교들로 확대 실시되고 있다.

🎓 중학교

현재 입학사정관제 전형으로 선발하는 중학교는 국제중학교들이다.

1) 전형방법

서류 심사와 필요할 경우 관계자 면담을 통해서 ==입학관리위원회가 선발==한다. 여기에는 특별전형과 일반전형이 있는데, 일반전형은 3배수 이내를 선발해서 공개추첨으로 최종합격자를 선발한다.

2) 평가내용

① 자기소개서

지원동기와 목표의식, 학업계획 그리고 봉사활동을 포함하는 교내·외 활동 등 대학교에서 요구하는 자기소개서 형식과 똑같다.

② 추천서

대학과 달리 일정한 형식이 없이 독서능력, 창의적 아이디어, 논리적 사고력, 영어능력, 수업참여도 및 과제수행력 등 여러 가지를 본다. 왜냐하면 경시대회나 사설 인증시험 등을 평가에 반영하지 않는다고 했지만 여기에서 그런 능력이 있다는 것을 보일 수 있기 때문이다. 그리고 추천서의 형식은 자기소개서를 드러낼 수 있도록 자기소개서의 양식에 부합하여 일관성 있게 작성하면 학생에게 유리하다. 따라서 독서능력, 창의적 아이디어, 논리적 사고력 등이 자기소개서에 보이는 목표의식과 학업계획, 여러 활동과 부합하여 작성될 수 있도록 추천서를 작성하는 선생님에게 충분한 정보를 드려야 한다.

③ 학교생활기록부

6학년 1학기 주요 5개 과목 성적인 국어, 사회, 수학, 과학, 영어 성적이 매우 중요하다.

3) 주의할 사항

인증시험이나 사설경시대회의 수상실적은 평가에 반영하지 않는다. 평가에 반영하는 수상실적도 국어(한문포함), 사회, 수학, 과학(정보포함), 영어 부문에 한정하며, 모든 실적 평가는 5학년 1, 2학기와 6학년 1학기의 실적만 인정한다.

4) 중학교 전형의 특징과 준비요령

수상실적은 교내와 교외의 실적을 각각 2개씩만을 보므로 자기의 특성을 잘 나타낼 수 있는 것을 제출하는 것이 유리하다. 영어로 실시하는 방과 후 활동을 중요하게 평가하므로 자기의 특성을 살려 주는 영어 방과 후 활동을 되도록 많이 참가하는 것이 유리하다. 특히 학교나 교육청이 주관하는 영어 캠프에 60시간을 참가했다면 A로 평가해 주고 있다.

🎓 고등학교

민족사관고등학교나 상산고등학교 등 자립형 사립고들이 입학사정관제를 실시하고 있고, 특목고들도 강하게 원하고 있어서 급속히 확대되고 있다.

1) 전형방법

제출한 서류를 종합적으로 심사하고 면접과 체력검사를 거쳐서 최종 선발한다.

2) 평가내용

민족사관고등학교 글로벌 리더로서의 인성, 리더십, 봉사정신, 학문적 발전 가능성이 있는 자, 수학·과학 실력이 우수하여 학문적 인재로 성장 가능성이 있는 자, 영어능력이 우수하여 국제적 인재로 성장할 가능성이 있는 자, 종합적 학업능력이 우수하여 우수인재로 발전 가능성이 있는 자 등을 정원의 50% 내에서 선발하고 있다.

상산고등학교 입학사정관제 전형을 학업능력 우수 영역이라고 이름을 붙이고, 읍·면 지역 소재 중학교 졸업예정자로서 학업능력이 우수하여 발전 가능성이 있는 자, 우리 학교 교과 성적 산출 점수가 238점 이상인 자, 특별전형 지원 자격이 4개 영역(동일 영역은 한 가지만 인정) 이상인 자 중에서 학업능력이 우수하여 입학사정담당관의 심사를 통과한 자를 선발하고 있다.

그 밖에 외국어 고등학교들도 내신 성적을 중요한 기준으로 보고 있다. 따라서 학업능력이 중요한 평가요소인 것이고, 그 외에 일관된 특성이 있다면 학업능력이 같은 다른 학생들과 차이를 낼 수 있을 것이다.

3) 주의할 사항

입학사정관제에서는 학원을 다니지 않고 성적을 관리해 온 학생을 중시한다고 한다. 따라서 학습동아리 등을 만들어서 공부를 하다 부족한 과목이 있을 때 일부 과목의 도움을 일시적으로 받을 수는 있겠지만, 학원 공부에 전적으로 의지해 온 학생이라면 입학사정관제 전형에 응시하면 불리하다.

그리고 입학사정관제 전형도 학습능력을 중시한다는 것을 명심해야 한다. 다만 계획적으로 잠재력을 개발하면서 학습능력을 높여 온 학생을 선발하려는 것이다.

4) 고등학교 전형의 특징과 준비요령

고등학교 입학사정관 전형은 대학교의 입학사정관 전형과는 달리 학습능력을 중시해서 학생들을 선발하려 하고 있다. 그동안 자립형 사립고나 특목고들은 학습능력만 주로 보고 학생들을 선발한 후에 대학들의 요구에 맞추어서 대학에서의 모집단위에 맞게 학생들을 가르치고 관리해 왔다. 그러나 원하는 대학의, 원하는 모집단위 과에 진학하기 위해서는 초·중학교 때부터 개인적인 특성을 꾸준히 살려서 고등학교에 들어가야 고등학교에서의

생활을 알차게 하고 원하는 대학에 들어갈 수 있다. 자립형 사립고나 특목
고가 원하는 대학, 원하는 과를 보장해 주는 것은 아니다. 따라서 무조건 주
요 과목의 학습능력을 높이는 것에만 치중하지 말고 꾸준히 자기의 특별한
잠재력을 높이는 데에도 게을리하지 말아야 한다.

🎓 대학교

거의 모든 대학은 입학사정관제 전형을 실시하고 있다. 이러한 현상은 점
차 확대되어 전문대학까지도 입학사정관제 전형을 도입하고 있다.

1) 전형방법

대학에서는 아주 다양한 방법으로 학생들을 선발하고 있다. 특히 입학사
정관이 관여하지 않는 수시전형도 사실은 입학사정관제 전형과 선발 방식
이나 응시 조건이 같은 경우가 많다. 대부분 1단계에서 서류로 전형하고, 2
단계나 3단계에서 최종적으로 선발한다. 서울대의 경우, 1단계에서 서류가
바람직하게 준비되어 있다면 바로 합격될 수 있다고 한다.

2) 평가내용

자기소개서와 추천서, 그리고 학교생활기록부가 중요한 평가요소다. 학교
별로, 모집단위별로 다양한 평가방법을 두고 있지만 꾸준히 일관되게 자기
의 특성을 개발해서 잠재력을 발전시켜 온 학생이라면 걱정할 것이 없다.

3) 주의할 사항

고등학교 진학 때와는 달리 대학교 입시전형에서는 교과 학습능력은 절대

적으로 중요한 것은 아니다. 그러나 일정한 수준은 유지해야 함으로 꾸준히 관리해야 한다. 그리고 검정고시생들은 절대적으로 불리함으로 내신 성적이 좋지 않다고 성급히 검정고시로 전환하는 것은 옳지 못하다. 검정고시생들이 응시할 수 있는 전형이 아주 적어지고 있기 때문이다.

4) 대학교 전형의 특징과 준비요령

자기소개서와 추천서, 그리고 증빙서류가 기어의 톱니바퀴가 맞물려 돌아가듯이 내용이 모순되지 않게 준비되어야 한다. 그러기 위해서는 자신의 특성을 이른 시일 내에 정확히 파악하고 꾸준히 관리해야 한다. 대학의 입학사정관제에서 합격하려면 고등학교전형처럼 교과학습 능력만으로는 절대 합격할 수 없다. 특목고나 자사고들도 그런 사실을 알고 선발할 때는 학습능력을 보고 학생들을 뽑았지만 대학진학 지도를 위해서는 학생들의 개인적 특성을 발전시켜 주기 위해서 부단히 노력하고 있다. 원하는 대학에 진학하기 위해서는 일찍부터 어떤 과에 들어가서 어떤 공부를 할지를 정해두고 준비하는 것이 유리하다. 대학들은 그간 고등교육법시행령 때문에 할 수 없이 계열별, 대학별로 학생들을 모집해 왔지만 이제는 법이 개정되면서 과별로 모집할 수 있게 되었다. 따라서 학생들도 거기에 따라서 준비해야 한다.

학과별 모집을 추진하는 서울대

서울대학교는 2011학년도 신입생 선발부터 학과별로 모집할 계획이라고 한다. 입학 사정관제를 더욱 확대하여 신입생을 선발하는 데 실질적으로 적용하겠다는 의도로 보인다.

그동안 서울대학교는 계열별·학부별로 학생들을 모집했다. 이러한 모집 방식은 전공별 특성에 맞춰 학생들을 선발하기 어려운 매우 비합리적인 구조였다.

한국 최고 대학이라 꼽히는 서울대학교가 어째서 이처럼 비합리적인 구조로 학생들을 모집했을까?

바로 고등교육법시행령 때문이다. 고등교육법시행령에 따르면, 대학은 학생을 모집할 때 학과별로 모집하면 안 되고, 반드시 여러 과를 한꺼번에 묶어서 모집하거나 학부별로 모집하도록 의무화했다. 그러다 올해 1월 고등교육법시행령이 개정되면서 이 규정이 폐지되었다.

지금까지 학부별·계열별로 신입생을 모집했던 서울대학교의 주요 단과대학들은 고등교육법시행령 개정에 따라 일제히 학과별 모집을 추진하고 있다. 이로써 서울대학교는 앞으로 전공별 특성에 맞춰 전공 분야에 열의가 있고, 잠재력을 가진 학생들을 대거 선발하리라고 기대된다.

내가 안 깼어요. 컵이 스스로 움직였어요!

동국대학교 물리학과 학생 이상학 군은 초등학생 때부터 물리에 관심이 많았다. 물리에 관련된 책만 잡으면 식사도 잠도 잊을 정도였다. 일반 과학 캠프에 빠짐없이 참석했고, 중고등학생 때는 스스로 물리 관련 캠프를 찾아다녔다.

이 군이 처음 물리에 관심을 가지게 된 계기는 아주 일상적이고 사소한 일이었다. 어느 여름날, 온 가족이 밥을 먹으려고 식탁에 앉았다. 그때 이 군은 유리컵에 차가운 물을 따랐는데 컵이 마치 살아 있는 양 스르륵 움직이더니 식탁 아래로 똑 떨어져 버렸다. 어린 이 군은 깜짝 놀라 "내가 안 깼어요. 컵이 스스로 움직였어요!"라고 말했다. 이 군의 아버지는 껄껄 웃으며 "괜찮다. 공기가 팽창해서 그런 거야." 라고 말씀하셨다.

이 군은 고개를 갸웃거리며 아버지에게 물었지만 아버지는 곧 과학 시간에 배운다고 말씀하실 뿐이었다. 이 군은 밥을 먹는 내내 머릿속이 온통 움직이는 컵 생각으로 가득했고, 밥을 다 먹자마자 컴퓨터 앞으로 쪼르르 달려가 검색했다. 또 백과사전을 뒤적이며 '공기의 팽창'에 대해 찾았다.

그 뒤로 이 군은 어떠한 물리 현상을 보면 그냥 지나치지 못했다. 잘 기억해 두었다가 집에 와서 책을 찾아보고, 인터넷 검색을 했다. 그리고 궁금증을 해결하면 노트를 꺼내 내용을 정리해 두었다. 이처럼 현상과 원인, 원리를 꼼꼼히 적어놓은 노트는 지금도 이 군의 보물 1호다. 이 군은 학생자율연구과제 공모전에서 자신의 호기심을 풀어내는 과정으로 최우수상을 받았다. 고등학교를 마치자 자기 추천으로 동국대학교 물리학과에 진학했다.

2장

입학사정관제 전형을 위한
일반적인 준비

이제 대학은 예전처럼 무모하게 학생부터 선발하지 않는다. 각 대학과

전공의 특성에 맞는 학생을 철저히 확인하여 선발하는 방식을 취한다. 바로

입학사정관제다.

따라서 앞으로 학생들은 자신이 원하는 대학에 진학하려면, 대학이 확신

을 갖고 시행하려는 입학사정관제를 철저히 이해하고 대비해야 한다.

1 | 스스로 잠재력 찾아내기

입학사정관제로 학생을 선발하려는 학교는 가장 먼저 지원한 학생의 성장 가능성, 즉 잠재력을 중요하게 평가한다. 따라서 입학사정관제 전형에서의 당락은 학생들이 자신의 잠재력을 얼마나 보여 주는지에 달렸다.

잠재력이란 교과 공부처럼 무작정 익히고 배울 수 없다. 단순한 적성검사처럼 여러 문항으로 섣불리 규정할 수도 없다. 그렇다면 자기 잠재력을 어떻게 찾아 발전시켜야 할까?

자동차가 성능이 어떤지 제대로 알려면 최대한 힘껏 달려 보아야 한다. 사람도 마찬가지다. 자신의 잠재력을 정확히 파악하려면 스스로 여러 경험을 해야 한다.

스스로의 경험을 통해 찾고 확인한 잠재력만이 어떠한 어려움에도 흔들리지 않고 크게 키워 나갈 수 있다.

자, 그럼 잠재력을 효과적으로 찾으려면 어떤 경험을 해야 할지 살펴보고, 그 경험들을 통해 자신의 잠재력을 어떻게 찾을지 알아보자.

🎓 체험을 통한 자기 발견

해외펜팔

요즘은 인터넷이 발달해 해외무료펜팔 사이트 등을 이용해 외국 친구들을 손쉽게 사귈 수 있다. 외국 친구들과 이메일을 주고받으면 외국어 실력이 늘 뿐만 아니라, 세계 여러 문화를 배우고, 정서를 이해하는 계기가 된다. 또한 우리 문화를 소개하며 잘 몰랐던 우리 문화를 돌아보며 공부할 수도 있다. 무엇보다 일찍부터 다양한 가치관을 접하며 유연한 포용력과 입체적인 사고력을 키울 수 있다.

- 권장할 만한 펜팔주소

- http://www.studentsoftheworld.info/ - http://christianpenpals.com/

홈스테이

인터넷을 보면 외국인들의 홈스테이를 소개하는 무료 사이트들이 있다. 여기에 홈스테이 신청을 하면, 홈스테이를 희망하는 외국인들의 숙박을 돕고 가이드를 해 줄 수 있다. 이때 적지 않은 숙박비 혹은 가이드 수수료를 받을 뿐만 아니라, 외국인을 직접 상대하며 외국어 공부를 할 수 있으니 일석이조다. 더 나아가 능동적으로 외국인들을 안내하기 위해 미리 필요한 정보를 조사하여 외국어로 번역해 두고, 외국어로 설명할 준비를 하면 보다 즐거운 경험을 쌓을 수 있다.

- 권장할 만한 홈스테이 소개주소

- http://www.yesuhak.com/ - http://www.homestaykorea.com/

악기 연주

미국 명문대에서는 악기 연주 능력을 주요 입학 요건으로 참조한다. 따라서 미국의 명문대 출신치고 악기 하나쯤 능숙하게 연주하지 못하는 사람이 없다. 실제로 클린턴 전 미국 대통령은 멋지게 색소폰을 연주하기도 했다.

운동 실력

'아이비리그'라고 불리는 미국 명문 사립대에서는 악기 연주뿐만 아니라 운동 실력도 입학 요건으로 삼는다. 앞으로 국내 대학에서도 뛰어난 악기 연주와 운동 실력을 입학사정관제에서 긍정적인 요인으로 참조할 것이다.

봉사활동

봉사활동을 하면 남을 돕는다는 생각에 가슴 뿌듯한 보람을 느낀다. 하지만 무엇보다 큰 수확은 진정한 자신을 발견하는 중요한 계기가 된다는 점이다. 고아원이나 보육원, 장애우 복지원에 봉사활동을 가보라. 현재 나와 사랑하는 가족을 되돌아보고, 사회구성원으로 의무와 책임을 깨닫는, 아주 특별한 경험을 할 수 있다.

여행

여행은 자신감을 키우고, 도전의식을 높이는 기회가 된다. 실제로 필자의 아들도 초등학교 4학년 때 말레이시아로 가족여행을 다녀온 뒤로, 자신감을 갖게 되었다. 6학년 때는 혼자 말레이시아로 여행을 다녀왔으며 스스로 친구들을 가이드해서 훌쩍 여행을 다녀오기도 했다.

이 밖에도 각자 상황에 따라 수많은 경험을 할 수 있다. 많은 경험 속에서 여러 가지를 보고 듣고 느끼면서 무엇이 가치 있고, 소중한지 스스로 깨닫게 된다. 또한 내가 무엇을 좋아하며 어떤 일을 재미있게 잘할 수 있을지 고민하며 찾는다. 이러한 과정을 통해 자신이 타고난 자질을 발견할 수 있을 것이다.

존 고다드 이야기

존 고다드는 미국 로스엔젤레스에 사는 소년이다. 어느 비 내리는 오후, 존은 자기 집 식탁에 앉아 골똘히 생각에 잠겼다. 그러다 갑자기 노란색 종이를 한 장 가져와 맨 위에 '내 인생 목표'라고 썼다. 제목 아래에는 127가지 인생 목표를 적었다. 때는 1944년, 존의 나이 17세 때였다.

이후, 존은 현재 127가지 가운데 108가지 목표를 이루었다. 108가지 목표는 결코 쉽거나 간단하지 않았다. 세계 주요 고산지대 등반과 큰 강 탐사, 1마일을 5분에 주파하기, 셰익스피어 전집과 브리태니커 백과사전 독파 등이 포함되어 있었다.

지금 존은 아직 남은 19가지 목표를 하나씩 이루기 위해 노력하고 있다. 존이 이런 결심을 한 계기는 15세 때 할머니와 숙모의 대화를 듣고서였다. 당시 할머니와 숙모는 "이것을 내가 젊었을 때 했더라면……."라고 했고, 존은 자신도 '~했더라면' 하고 후회하지 않기 위해 자신의 삶에서 이루고 싶은 목표가 무엇인지 결정했다고 한다.

우리도 존 고다드의 실천계획을 읽어 보고 자신만의 인생 실천계획을 세워 보자.

존 고다드의
127가지 인생 실천 계획

탐험할 장소

1. 이집트의 나일강
2. 남미의 아마존강
3. 아프리카 중부의 콩고강
4. 미국 서부의 콜로라도강
5. 중국 양자강
6. 서아프리카 니제르강
7. 베네주엘라의 오니노코강
8. 니카라과의 리오코코강

원시 문화 답사

9. 중앙 아프리카의 콩고
10. 뉴기니 섬
11. 브라질
12. 인도네시아 보르네오 섬
13. 북아프리카 수단
14. 호주 원주민들의 문화

    (존 고다드는 이곳에서 모래 폭풍을

    만나 산 채로 매장당할 뻔했음)

15. 아프리카 케냐
16. 필리핀
17. 탕가니카(현재의 탄자니아)
18. 에티오피아
19. 서아프리카 나이지리아
20. 알라스카

등반할 산

21. 에베레스트 산(8,8848m)
22. 아르헨티나의 아콘카과 산(안데스 산맥 중의 최고봉)
23. 매킨리 봉(알라스카에 있는 북미 대륙 최고봉, 6,194m)
24. 페루의 후아스카란 봉

25. 킬리만자로 산(탄자니아에 있는 아프리카 최고봉)

26. 터키의 아라라트 산(노아의 방주가 닿은 곳이라고 알려진, 이란과 러시아 국경부근
    에 있는 화산)

27. 케냐 산(동아프리카에 있는 산)

28. 뉴질랜드의 쿠크 산

29. 멕시코의 포포카테페틀 산

30. 마터호른 산(알프스의 고산)

31. 라이너 산

32. 일본의 후지 산

33. 베수비오스 산(이탈리아 나폴리 만 동쪽의 활화산)

34. 자바 섬의 브로모 산

35. 그랜드 테튼 산

36. 캘리포니아의 볼디 마운틴

배워야 할 것들

37. 의료 활동과 탐험 분야에서 많은 경력을 쌓을 것(현재까지 원시 부족들 사이에
    전해져 오는 다양한 치료 요법과 약품을 배웠음)

38. 나바호족과 호피족 인디언에 대해 배울 것

39. 비행기 조종술 배우기

40. 로즈 퍼레이드(캘리포니아에서 해마다 5월에 열리는 장미 축제 행렬)에서 말 타기
    사진 촬영

41. 브라질 이과수 폭포

42. 로데시아의 빅토리아 폭포(이 과정에서 존 고다드는 아프리카 흑멧돼지에게 쫓김
    을 당했음)

43. 뉴질랜드의 서덜랜드 폭포

44. 미국 서부 요세미티 폭포

45. 나이아가라 폭포

46. 마르코 폴로와 알렉산더 대왕의 원정길 되짚어 가기

수중탐험

47. 미국 남부 플로리다의 산호 암초 지대

48. 호주의 그레이트 배리어 대암초 지대(이곳에서 존은 135kg의 대합조개 촬영에
    성공했음)

49. 홍해

50. 피지 군도

51. 바하마 군도

52. 오케페노키 늪지대와 에버글레이즈(플로리다 주 남부 습지대)탐험

여행할 장소

53. 북극과 남극

54. 중국 만리장성

55. 파나마 운하와 수에즈 운하

56. 이스터 섬(거석문명의 섬)

57. 바티칸 시(이때 존 고다드는 교황을 만났음)

58. 갈라파고스 군도(태평양상의 적도 바로 아래의 화산섬)

59. 인도의 타지마할 묘

60. 피사의 사탑

61. 프랑스의 에펠탑

62. 블루 그로토

63. 런던 탑

64. 호주의 아이어 암벽 등반

65. 멕시코 치첸이차의 성스런 우물

66. 요르단 강을 따라 갈릴리 해에서 사해로 건너가기

수영해 볼 장소

67. 중미의 니카라과 호수

68. 빅토리아 호수(중부 아프리카에 있는 세계에서 두 번째로 큰 호수)

69. 슈피리어 호수(북미 오대호의 하나)

70. 탕카니카 호수(아프리카 중동부)

71. 남미의 티티카카 호수

해낼 일

72. 독수리 스카우트 단원 되기

73. 잠수함 타기

74. 항공모함에서 비행기를 조종해서 이착륙하기

75. 전 세계의 모든 국가들을 한 번씩 방문할 것(현재 30개 나라가 남았음)

76. 소형 비행선, 열기구, 글라이더 타기

77. 코끼리, 낙타, 타조, 야생말 타기

78. 4.5kg의 바닷가재와 25센티미터의 전복 채취하기

79. 스킨 다이빙으로 12미터 해저로 내려가서 2분 30초 동안 호흡을 참고 있기

80. 1분에 50자 타자하기

81. 플루트와 바이올린 연주

82. 낙하산 타고 뛰어 내리기

83. 스키와 수상 스키 배우기

84. 복음 전도 사업 참여

85. 탐험가 존 뮤어의 탐험 길을 따라 여행할 것

86. 원시 부족의 의약품을 공부해 유용한 것들 가져오기

87. 코끼리, 사자, 코뿔소, 케이프 버팔로(남아프리카 들소), 고래를 촬영할 것

88. 검도 배우기

89. 동양의 지압술 배우기

90. 대학교에서 강의하기

91. 해저 세계 탐험하기

92. 타잔 영화에 출연하기(이것은 이제 시대에 뒤떨어진 소년 시절의 꿈이 되었다)

93. 말, 침팬지, 치타, 오셀롯(표범 비슷한 시라소니), 코요테를 키워 볼 것(아직 침팬지와 치타가 남았음)

94. 발리 섬의 장례 의식 참관

95. 아마추어 햄 무선국의 회원이 될 것

96. 자기 소유의 천체 망원경 세우기

97. 저서 한 권 갖기(나일 강 여행에 관한 책을 출판했음)

98. 내셔널 지오그래픽 지에 기사 싣기

99. 몸무게 80킬로그램 유지(현재까지 잘 유지하고 있음)

100. 윗몸일으키기 200회, 턱걸이 20회 유지

101. 프랑스어, 스페인어, 그리고 아랍어를 배울 것

102. 코모도 섬에 가서 날아다니는 도마뱀의 생태를 연구할 것(섬에 접근하다가 20마일 해상에서 보트가 뒤집히는 바람에 실패했음)

103. 높이뛰기 1미터 50센티

104. 넓이뛰기 4미터 50센티

105. 1마일을 5분에 주파하기

106. 덴마크에 있는 소렌슨 외할아버지의 출생지 방문

107. 영국에 있는 고다드 할아버지의 출생지 방문

108. 선원 자격으로 화물선에 승선할 것

109. 브리태니커 백과사전 전권 읽기(현재까지 각 권의 대부분을 읽었음)

110. 성경을 앞장에서 뒷장까지 통독하기

111. 셰익스피어, 플라톤, 아리스토텔레스, 찰스 디킨스, 헨리 데이빗 소로우, 에

드가 알렌 포우, 루소, 베이컨, 헤밍웨이, 마크 트웨인, 버로우즈, 조셉 콘라드, 탈메이지, 톨스토이, 롱펠로우, 존 키 이츠, 휘트먼, 에머슨 등의 작품 읽기(각 사람의 전작은 아니더라도)

112. 바하, 베토벤, 드뷔시, 이베르, 멘델스존, 랄로, 림스키코르사코프, 레스피기, 리스트, 라흐마 니노프, 스트라빈스키, 토흐, 차이코프스키, 베르디의 음악 작품들과 친숙해지기

113. 비행기, 오토바이, 트랙터, 윈드서핑, 권총, 엽총, 카누, 현미경, 축구, 농구, 활쏘기, 부메랑 등을 다루는 데 있어서 우수한 실력을 갖출 것

114. 음악 작곡

115. 피아노로 베토벤의 월광곡 연주

116. 불 위로 걷는 것 구경하기(발리 섬과 남미의 수리남에서 구경했음)

117. 독사에게서 독 빼내기(이 과정에서 사진을 찍다가 등에 마름모 무늬가 있는 뱀에게 물렸음)

118. 영화 스튜디오 구경

119. 폴로 경기하는 법 배우기

120. 22구경 권총으로 성냥불 켜기

121. 쿠푸(기제의 대 피라미드를 세운 이집트 제4왕조의 왕)의 피라미드 오르기

122. 탐험가 클럽과 모험가 클럽의 회원으로 가입

123. 걷거나 배를 타고 그랜드캐니언 일주

124. 배를 타고 지구를 일주할 것(현재까지 네 차례의 일주를 마쳤음)

125. 달 여행('신의 뜻이라면 언젠가는!')

126. 결혼해서 아이들을 가질 것(존 고다드는 현재까지 다섯 명의 자녀를 두었음)

127. 21세기에 살아볼 것(그때가 되면 존 고다드는 일흔 다섯 살이 될 것이다)

🎓 독서를 통한 자기 발견

독서는 단기간에 경험을 극대화할 수 있는 수단이다. 과거는 물론이고 미래까지 경험하며, 남극에서 북극까지 지구촌 어디라도 접할 수 있다. 예로부터 인류가 차근차근 쌓아온 지식을 한 번에 얻는 동시에 수많은 사람의 다양한 삶을 통해 혼자 경험할 수 없을 만큼 어마어마한 경험을 쌓을 수 있다.

또한 독서를 통한 간접 경험은 풍부한 감성과 체계적인 사고력을 키워, 현재 자신을 돌아보고 앞으로 자신을 설계하는 데 큰 도움이 된다.

2 | 스스로 찾은 잠재력을 최고로 키우는 방법

🎓 취미를 찾아 즐기면서 잠재력을 키워라

여러 경험을 통해 우리는 숨겨진 잠재력과 자신만의 특별한 지적 욕구, 즉 타고난 자질을 발견하게 된다. 이를 바탕으로 적성과 인생의 목표를 탐색하며, 진로를 정할 수 있다. 특히 대입에서는 대학에 개설된 전공 학문과 자신의 취미 및 특기의 연결고리를 찾는데, 이것이 바로 입학사정관제로 대학에 진학하는 가장 바람직하고 정확한 과정이다. 그렇다면 입학사정관제에 대비해 취미와 특기를 어떻게 발전시켜야 할까?

1) 일기를 꾸준히 쓰자!

현재 자신을 점검하고, 자칫 나태해지려는 마음을 바로잡는 데 일기만큼 좋은 수단이 없다. 일기를 쓰면 목표를 더욱더 뚜렷하고, 일관되게 유지하며 계획을 세우고 점검할 때 귀중한 자료가 된다. 특히 짜임새 있게 꾸준히 쓴 일기는 입학사정관들이 가장 선호하는 평가자료 가운데 하나다.

2) 취미 및 특기와 관련된 공인 인증을 찾아서 준비하자!

취미 및 특기에 열중하면 전문가 못지않은 능력을 자연스레 갖추게 된다. 이때 관련된 인증 자격증이나 등급을 따 두면 입학사정관제에 매우 유리하다. 또한 시험을 준비하는 과정에서 전문적인 능력이 비약적으로 발전할 수 있다.

부지런한 사람은 즐기는 사람을 이길 수 없다는 말이 있다. 재미있게 즐기면서 전문 공부를 한다면, 아무리 어려운 시험도 재미있게 치를 뿐더러 좋은 결과를 얻을 수 있다.

3) 책을 읽으면 반드시 요점을 정리해 두자!

책을 읽을 때, 아무런 계획 없이 무턱대고 읽기보다 미리 주간, 월간, 연간 독서 계획을 세워 읽는 편이 좋다. 단순히 기간 내 읽는 권수만 정하기보다 분야별로 나누어 독서 계획을 세우면 보다 짜임새 있고, 폭넓은 독서를 할 수 있다.

특히 책을 읽고 난 뒤에는 꼭 책을 읽은 동기와 핵심 내용, 읽고 느낀 점을 요약해 두자. 시간이 많이 지나도 독서 결과를 잊지 않고 고스란히 남길 수 있게 된다.

서울대학교 특기자전형에서는 원서를 제출할 때 "자신이 읽었던 책 가운데 가장 인상 깊었던 책 3권을 선택하고, 그 책을 선택한 이유를 기술하여 주십시오.(띄어쓰기 포함하여 각 도서별로 500자 이내.)"라고 요구한다. 이때 앞서 말했듯 독서 결과를 요약해서 정리해 둔 학생들은 손쉽게 내용을 채우겠지만, 그렇지 못한 학생들은 다소 애를 먹을 수 있다.

4) 자신의 특성과 관련된 캠프 등에 참여해서 활동해 보자!

현재 우리나라는 외국에 비해 학생들이 다양하게 참여할 수 있는 캠프가 부족하다. 그러나 이제 입학사정관제가 본격적으로 확대 실시되면, 대학의 모집단위들과 관련된 캠프 및 학생들의 다양한 잠재력을 키워 줄 수 있는 캠프들이 많이 생길 것이다. 따라서 자신의 특성과 관련된 캠프가 있을 경우, 캠프에 적극적으로 참여하여 전공 관련 경험을 쌓고 기록을 잘 정리해 두어야 한다. 적절한 캠프가 없다면 스스로 계획을 세워 여러 경험을 해 본다. 예를 들어, 취미가 같은 친구들을 모아 동아리를 만들어 체험 활동을 해도 좋다. 이때도 마찬가지로 기록을 잘 정리해 두면 좋은 활동 자료가 된다.

☜ 잠재력을 표현하는 최종 수단인 면접과 구술 능력을 키워라

입학사정관제에서 면접은 그동안 자기 스스로 갈고 닦은 전공 분야에 대한 질문이 주가 된다. 따라서 평소 전공 분야에 대한 소양을 꾸준히 쌓은 학생이라면 답변 내용을 걱정할 필요 없다. 그러나 아무리 좋은 활동을 해 왔더라도, 면접관 앞에서 잔뜩 얼어붙어 제대로 이야기하지 못한다면 아무 소용없다. 그렇기 때문에 다양한 활동을 할 뿐만 아니라 자기가 해 온 활동을 자신 있게 표현할 수 있는 능력을 갖춰야 한다.

1) 전공과 관련된 칼럼이나 사설을 모아서 매일 낭독하자!

신문에서 전공과 관련 있는 사설이나 칼럼을 모아서 파일로 철해 둔다. 모르는 용어나 내용을 충분히 이해하고, 날마다 큰 소리로 연설하듯 낭독한다. 이렇게 한 달만 꾸준히 하면 누구나 자기 생각이나 경험을 자신 있게 이야기할 수 있다.

2) 같은 전공의 동아리 친구들과 정기적으로 토론 시간을 갖자!

토론은 설명과 설득 능력을 키우는 데 아주 효과적이다. 또한 다른 사람의 주장을 비판하고, 다른 사람이 내 생각을 비판하는 과정에서 부족한 배경지식을 깨달을 뿐만 아니라 논리적인 비판 능력을 키울 수 있다. 더구나 취미가 같고, 같은 모집단위에 지원하는 동아리 친구들과 정기적으로 토론을 하면 모집단위 관련 인증시험 등을 준비하는 데 큰 도움이 된다. 이러한 토론 훈련을 반복하면 면접이나 구술시험에서 교수가 어떤 질문을 해도 침착하게 답변할 수 있는 능력을 기를 수 있다. 구술 능력은 전문가가 만들어 주는 능력이 아니라 여러 활동을 통해 스스로 키우는 능력이라는 사실을 기억하자.

🎓 기본적인 학습능력을 소홀히 하면 안 된다

대학에서 전공 분야를 공부하려면 전공 분야에 대한 소양과 더불어 가장 기본적인 학습 능력이 꼭 필요하다. 가령 시장에서 물건을 팔던 사람이 경영학과에서 공부하거나 공장에서 기계 부속품을 만들던 사람이 기계학과에서 공부한다고 하자. 전공 분야에 대한 지식과 기술이 있지만, 기본적인 학습 능력이 없다면 대학 전문 공부를 계속 할 수 없다. 대학은 학문을 심도 있게 연구하는 곳이지, 기술자를 양성하는 곳이 아니기 때문이다.

입학사정관제 역시 마찬가지다. 공부를 못하는 학생을 뽑으려는 제도가 아니라 즐기듯 열심히 공부하는 학생을 뽑으려는 제도다. 단지 입학사정관제는 맹목적으로 공부한 학생보다 뚜렷한 목표를 갖고 공부한 학생들을 더욱 높게 평가한다.

　실제로 대부분 대학에서는 입학사정관제 관련 제출 서류에 내신 성적이 포함된 학교생활기록부를 요구한다. 연세대학교에서는 1단계에서 내신 성적만으로 2배수를 뽑고, 2단계에서 입학사정관들이 내신 성적을 무시하고 비교과의 잠재력만으로 최종선발을 한다. 내신 성적을 어느 정도 유지한 학생이라면 따로 사교육을 받지 않아도 입학사정관제에 필요한 기본 점수를 충분히 받을 수 있다.

★입학사정관제의 오해와 진실

오해하지 말자!

입학사정관제는 공부하지 않고 놀기만 하려는 학생을 뽑으려는 제도가 아니다. 공부를 하는 뚜렷한 목표가 있고, 목표를 이루기 위해 고난과 시련을 꿋꿋이 이겨 내며, 끝까지 포기하지 않고 열심히 공부하는 사람을 뽑으려는 제도다.

미국에서는 'Khadijah Williams' 라는 노숙자 소녀가 미국 최고 명문 대학교인 하버드대학교에 들어가 화제가 되었다. 그녀는 뚜렷한 목표와 강한 의지로 역경을 이기고 당당히 하버드대학교에 입학했다. 다음은 그녀가 쓴 자기소개서의 일부다.

"I have felt the anger at having to catch up in school... being bullied because they knew I was poor, different, and read too much,"

"I knew that if I wanted to become a smart, successful scholar, I should talk to other smart people."

그녀의 목표는 단순하고 명쾌하다. 자신이 가난하고, 남들과 모습이 다르고, 책을 많이 읽는다고 괴롭힘을 당하기 때문에 분노했고, 격렬히 항변했다고 한다. 하지만 학자로 성공하려면 다른 성공한 사람들과 대화를 해야 하며, 그러기 위해 하버드대학교에 들어가고 싶다고 말했다.

또한 자신이 하버드대학교에 들어갈 만한 자격을 충분히 갖추었다고 주장하며 그 근거를 제시했다. 실제로 그녀는 마약상이 들끓는 거리에서 쓰레기더미 속에 살면서도 새벽 4시에 일어나 등교하고, 오후 11시에 거리로 돌아오는 생활을 하면서도 항상 영재 프로그램에 참여할 정도로 공부를 게을리하지 않았다고 한다.

우리나라에서는 대전과학고 2학년 박철우 군이 세계적으로 유명한 학술지 《Materals Characterization》 5월호에 《전통방짜유기 기술에 포정(包晶) 조성이 가지는 의미》라는 논문을 게재하여 주목을 받았다. 고교생이 SCI에 논문을 게재하는 일은 세계에서도 극히 유례를 찾기 힘든 일이다.

박철우 군은 논문을 쓰기 위해 지난 1년여 동안 금속 및 전자현미경 관찰 등을 통해 우리나라 전통방짜유기 제작 기술에 관련된 실험연구를 했다. 그리하여 마침내 방짜유기에 들어가는 주석함량이 갖는 기술적 의미를 밝혀내 세계적으로 그 학술적 가치를 인정받기에 이르렀다.

(출처 : 대전연합뉴스)

현재 많은 대학이 'Khadijah Williams' 나 박철우 군처럼 성취 목표가 뚜렷하고, 잠재력이 무궁무진한 학생들을 선발하려 한다. 그래서 도입된 제도가 바로 입학사정관제다.

3장

입학사정관제
전형에 대비하는 나만의
준비

입학사정관제 전형에 대비하기 위해서는 계획적이고 엄격한 자기

관리가 필요하다. 따라서 입학사정관제 전형을 준비해서 상급학교에 진학한

학생은 학교생활도 충실히 할 수 있다. 그리고 그런 습관이 몸에 밴 사람은

학교를 졸업한 후에도 어떤 조직에 들어가든 편안하게 적응할 수 있다. 여기

에서는 자기관리 계획과 실천 방법 그리고 학년별 실천요령을 알아본다.

1 | 입학사정관제 전형에 대비한 자기관리 계획과 실천

🎓 목표관리

1) 장기 진로 계획

① 공부는 왜 해야 할까?

공부란 통찰력을 기르는 훈련이다. 단순히 눈앞에 놓인 대상과 현상을 넘어, <mark>미래를 내다보며 세상을 현명하게 살기 위해</mark> 우리는 공부해야 한다.

특히 특정 분야에 관심을 가지고, 오랫동안 공부하면 통찰력뿐만 아니라 그 분야에 전문 지식을 쌓게 되고, 인생의 목표와 진로 방향을 구체적으로 설정하며 삶을 더욱더 보람차게 살 수 있는 발판을 다질 수 있다.

②전공 찾기

그렇다면 학생 개개인의 특성에 딱 맞아떨어지는 전공을 어떻게 찾을까?

● 검사지로 자기 특성 알아보기

학생들이 자기 적성을 확인하는 방법으로 적성 검사나 프로그램 등이 많이 있다. 하지만 이것들은 어디까지나 <mark>보조적인 수단이지 절대적인 판단의 기준</mark>이 아니다. 따라서 검사 결과를 전적으로 신뢰하기보다 참조사항으로 보고, 다른 경험들과 함께 종합적으로 판단해야 한다.

나의 **적성?**
나와 어울릴 것 같은 직업

 나의 적성과 나와 어울릴 것 같은 직업을 찾아서 내가 대학에서 무엇을 전공으로 공부하면 좋을지 알아보자. 1단계부터 3단계까지 지시에 따라서 문제를 풀어 보면 자신의 적성을 대략 알 수 있다.

 **단계**

 1군부터 6군까지 6개의 표가 있습니다. 각 군에 있는 항목 중에서 자신에게 가장 어울린다고 생각되는 것을 한 군에서 한 개씩만 골라보세요.

1군 ····· [   ]

A 축구처럼 여럿이 한 팀이 되어 운동하는 것을 좋아한다.

B 퍼즐이나 낱말 맞추기 게임을 좋아한다.

C 다른 사람에게 조언을 하는 것을 좋아한다.

D 전화로 대화하는 것을 좋아한다.

E 공책에 낙서하기를 좋아한다.

F 나는 호기심이 많다.

2군 ····· [   ]

A 실내보다는 실외 활동을 더 좋아한다.

B 수학 과목을 좋아한다.

C   의사결정이 필요할 때 혼자서도 잘한다.

D   문제 해결을 위한 조언을 듣는 것을 좋아한다.

E   구경하는 것보다 내가 직접 하는 것이 더 좋다.

F   식물, 동물 등 자연관찰을 즐긴다.

3군 ····· [   ]

A   정원 손질, 자전거 수리, 요리, 바느질 등 손으로 하는 일을 즐긴다.

B   해야 할 일의 목록을 만드는 것을 좋아한다.

C   회사에 취직하는 것보다 개인 사업을 해서 돈을 벌고 싶다.

D   다른 사람을 돕는 것이 좋다.

E   상상해서 글 쓰는 것이 즐겁다.

F   과학 과목이 좋다.

4군 ····· [   ]

A   애완동물을 좋아한다.

B   글씨를 깨끗하고 단정하게 쓴다.

C   내가 우리 시의 시장이라면 좋겠다.

D   펜팔을 하거나 일기 쓰는 것을 좋아한다.

E   어떤 일을 친구들과 함께 하는 것보다 혼자 하는 것이 좋다.

F   물건을 분해해서 작동원리를 찾는 것이 좋다.

5군 ····· [   ]

A   기계나 도구를 사용하는 것이 좋다.

B   방이 깨끗해야 기분이 좋다.

C 내 의견을 표시하는데 수줍어하지 않는다.

D 어떤 일을 혼자 하는 것보다 친구들과 함께 하는 것이 더 좋다.

E 방을 꾸미고 가꾸는 것이 좋다.

F 정치 경제 등 시사 잡지가 재미있다.

6군 ····· [   ]

A TV를 보는 것보다 자전거를 타는 것이 더 좋다.

B 컴퓨터 사용을 즐긴다.

C 나는 그룹 활동을 할 때 주로 이끄는 사람이 된다.

D 사람들을 만나고 새로운 친구를 사귀는 것을 잘 한다.

E 음악, 미술, 조각 등 예술 활동이 좋다.

F 자연보존과 환경오염 문제에 관심이 많다.

2 단계

1단계에서 표시한 각 알파벳의 개수가 몇 개인지 아래에 있는 해당 알파벳의 옆에
개수를 적어 봅시다.

A ··· [개]   B ··· [개]   C ··· [개]

D ··· [개]   E ··· [개]   F ··· [개]

③ 단계

여러분이 가장 많이 선택한 알파벳은 어떤 것인가요? 가장 많이 선택한 알파벳을 아래에서 찾아봅시다. 그러면 그 항에 나열되어 있는 직업들이 여러분의 특성에 가장 알맞은 직업들이라는 뜻입니다.

Ⓐ **활동적 직업**

운동선수, 항공기 조종사, 농부, 산림 감시원, 정원사,
건축토목기사, 소방관, 스포츠레저, 무역업, 여행업

Ⓑ **섬세한 직업**

컴퓨터 프로그래머, 회계사, 은행원, 우주항공기술자
도서관 사서, 의료기술자, 재정설계사, 호텔 종업원

Ⓒ **지도적 직업**

회사 경영자, 장교, 법조인(판사, 검사, 변호사), 호텔매니저
정치인, 경찰관

Ⓓ **서비스 직업**

사회사업가, 간호사, 텔레마케터, 영업사원, 교사, 의사, 기자

Ⓔ **예술적 직업**

만화가, 배우, 화가, 음악가, 소설가, 패션디자이너, 건축가
사진작가, 안무가, 인테리어 전문가, 그래픽디자이너

Ⓕ **연구 직업**

과학자, 의학연구자, 정신과 의사, 교수, 리서치 전문가, 법무사
산림전문가, 기상학자

자! 여러분은 어떤 직업이 어울린다고 나타났나? 그러나 이런 검사의 결과는 절대적인 것은 아니다. 이제 취미를 갖고 전공학과를 선택하기 전에 선택된 직업들이 어떤 일을 하는지 관련된 책들도 읽어 보고 그런 일들을 하는 사람들을 만나보는 것이 필요하다. 그리고 그 밖에 다른 군에 있는 직업들도 살펴봐야 한다.

그래서 직업이 정해지면 대학의 어떤 과에서 그런 직업과 관련된 공부를 할 수 있는지 찾아서 그 모집단위의 과에 알맞은 자기의 개인적 계획을 세워야 한다. 이렇게 자신의 특성과 알맞은 활동과 과를 찾아가는 것을 스펙이라고 하고, 그 스펙을 따라서 여러 가지 실천계획을 세우는 것을 '포트폴리오' 라고도 한다. 〈 참조 : JA Korea 개인경제 워크북 〉

● 관련 책을 읽기

관심 분야에 관련된 책이나 그 분야의 권위자가 쓴 책을 읽으면 앞으로 전공을 결정하는 데 매우 도움이 된다. 만약 관심 분야가 없는 학생이라면, 적성 검사 결과와 관련된 책을 읽고 검사 결과를 확인해도 좋다. 대형 서점에 가서 편안한 마음으로 둘러보다 눈에 띄는 분야가 있으면, 그 분야를 자세히 살펴보는 방법도 전공을 결정하는 데 유효하다.

● 멘토 만나기

관심 분야를 전공하고 실제로 일한 사람을 만나면 전공을 결정할 때 많은 도움을 받을 수 있다. 따라서 마음속에서 대략적으로 전공할 분야를 정한 다음, 반드시 그 분야의 전문가를 만나 이야기 들어보기를 권한다. 물론 선뜻 용기가 나지 않을 수 있다. 하지만 자기 인생의 가장 중요한 목표를 정하는데, 그 정도 용기와 수고는 당연하다. 감나무 밑에 입을 벌린 채 있다고, 감이 입 안으로 뚝 떨어지지 않는다. 스스로 땀을 흘리며 뛰어다닌 사람만이 진정 원하는 결과를 손에 넣을 수 있다.

◑ 봉사활동이나 여행 등 다양한 경험 하기

관심 분야가 있다면, 그 분야에서 일하는 사람들이 있는 곳을 견학하거나 봉사활동을 해 보자. 눈으로 보고, 몸으로 부딪히면서 생생한 현장감을 느끼고 목표의식을 분명히 할 수 있다. 목표를 세워 여행을 하는 것도 다양한 경험을 쌓는 데 좋다. 친구들과 함께 가도 좋고, 혼자 가도 좋다. 여행을 준비하는 과정에서 계획성과 준비성을 키우고, 실제로 여행에서 크고 작은 일을 겪으면서 자신감과 도전의식을 높일 수 있다.

2) 총괄 실천 계획

대학에서 전공을 공부하려면 기본적인 학습 능력과 기초적인 전공 능력이 필요하다. 대학이 입학사정관제로 뽑으려는 학생은 바로 이러한 능력을 갖춘 학생이다. 단, 대학은 누가 시켜서 억지로 공부한 학생이 아니라 스스로 노력해서 학습 능력과 전공 능력을 키운 학생을 원한다는 사실을 잊지 말자.

① 내신학습능력–학습동아리 만들기

각 과목별로 몇몇 친구를 모아 학습동아리를 만들자. 국어, 수학, 생물 등 과목별 동아리를 만들어 함께 공부하고, 담당 선생님에게 자문을 구하고, 담임선생님에게 도움을 받아 학교생활기록부에 학습동아리 활동을 기록하도록 한다. 이 기록은 입학사정관제에서 아주 유리한 기록으로 작용한다. 동아리 회장은 친구들끼리 돌아가며 하고, 부모님이나 선생님보다 학생들 스스로 주도하여 활동하는 편이 좋다.

② 전공능력–전공 취미 동아리 만들기

전공 취미 분야 역시 몇몇 친구들을 모아서 동아리를 만들자. 혼자 공부할 때보다 여럿이 함께 공부할 때 훨씬 재미있고 능률적으로 공부할 수 있다. 신문이나 책을 같이 읽고, 그룹스터디를 하거나 관련 경시 대회 등을 준비해도 좋다. 동아리 회장은 일정한 기간을 정해 돌아가면서 하고, 담임선생님께 자문을 구해 동아리 활동이 학교생활기록부에 기록되도록 한다.

3) 구체적 실천계획

공부를 할 때는 구체적인 계획이 필요하다. 중간고사 등 시험 일정에 맞춰 참고서와 문제집을 정하고, 학습 방법을 정한다. 전공 관련 비교과 과목도 관련 경시대회 일정에 따라 학습 계획을 체계적으로 짜야 한다.

🎓 일정관리

1) 내신 성적관리

중간고사 · 기말고사 등 시험 일정에 따라 미리 분기별, 월별, 주별로 나누어 계획을 세운다. 공부할 참고서나 문제집을 정하고, 학습량과 학습방법을 정해 일정 기간마다 점검한다.

2) 전공관리

정기 일정과 부정기 일정으로 나누어서 계획한다. 예를 들어, 미리 일정이 잡힌 경시 대회 등은 정기 일정이고, 우연히 신문이나 잡지 등에서 본 전공 관련 행사 등은 부정기 일정에 속한다.

3) 취미관리

전공과 마찬가지로 정기 일정과 부정기 일정으로 나누어서 계획한다.

4) 가족과의 시간

정기 일정과 부정기 일정으로 나눈다. 금요일마다 재활용쓰레기를 치우는 일을 맡았다면 정기 일정에, 특정 주말에 가족끼리 나들이를 간다면 부정기 일정에 들어간다.

🎓 인간관계관리

인간관계를 원만하게 유지하는 일은 사회나 조직생활에서 몹시 중요하다. 예를 들어, 학교 공부를 잘하지만 친구들과 사이가 원만하지 못해 외톨이로 지내는 친구가 있다고 하자. 이 친구가 성장해 회사에 들어간다면, 개인 업무 처리 능력이 뛰어날지라도 조직 내 관계를 원만하게 이끌지 못해 조직원 사이에 오해와 불화가 생길 수 있고, 더 나아가 일에 악영향을 끼칠 수 있다. 그렇기 때문에 입학사정관제에서는 바람직하고 원만한 인간관계도 매우 중요하게 평가한다.

1) 선생님과의 관계

선생님은 학생과 매우 밀접한 관계를 가지며, 학생이 자기정체성과 가치관을 정립하는 데 많은 도움을 준다. 선생님을 어려워하여 멀리하지 말고, 적극적으로 다가가 도움을 청하고 자문을 구하자. 학습동아리 등 다양한 활동을 이야기하고 지도를 받으며 활발히 의사소통을 하면, 선생님과의 관계가 돈독해질 뿐더러 학교생활기록부에 유리한 자료를 얻을 수 있다.

2) 친구 · 기타 관계

친구나 친척 등 지인들에게 일정 기간마다 이메일이나 전화 등으로 안부를 묻자. 소소한 일이라도 좋다. ==따뜻한 관심과 안부 인사는 인간관계의 훌륭한 윤활유==가 되고, 자신에 대한 주변 평판도 자연히 올라간다.

3) 부모형제 관계

가족은 가장 기본적이고 중요한 기초집단이다. 가족 구성원으로서 자신의 위치와 역할을 인지하고, 어릴 때부터 책임의식과 협조정신을 기른 학생은 사회에서 다른 사람과의 관계를 원만하고 너그럽게 이끈다. 따라서 입학사정관제에서는 가족관계를 가장 기본적인 인간관계로 보고, 중요하게 생각한다. 실제로 ==서울대학교 등에서는 자기소개서에 가정환경을 적으라고 명시==한다. 일기를 이용해 가족과 여행을 떠나거나 특별한 시간을 보낸 내용을 꼼꼼히 기록해 두면, 자기소개서를 쓸 때 훌륭한 자료가 된다.

🎓 입시관리

입시관리는 학교생활기록부 관리와 전공관리를 나누어서 해야 한다. 이때 어느 한쪽이 소홀하지 않도록 각별히 주의한다. 특히 학교생활기록부 관리가 제대로 되지 않으면 전공을 평가받을 기회조차 주어지지 않을 수 있으니 조심한다.

2 | 학년별 실천계획과 관리

🎓 내가 지금 중학교 3학년이라면?

중학교 3학년은 고등학교 진학을 앞둔 매우 중요한 학년이다. 성적관리가 잘 되어서 자립형 사립고나 특목고에 진학할 수 있는 학생들은 자신의 특성을 정확히 확인해 두어서 고등학교에 진학한 후에는 대학에 지원할 모집단위 즉, 전공에 맞추어서 자기관리를 할 준비를 철저히 해야 한다. 특목고에 진학했다고 해서 저절로 목표하는 대학에 진학이 보장되는 것이 아니기 때문이다. 그리고 학교 성적이 좋지 못해 소위 명문고에 들어가지 못하는 학생들도 절대 걱정할 필요 없다. 일반 고등학교에 들어가도 자기의 특성을 잘 살릴 수 있도록 계획을 잘 세워서 고등학교 생활을 충실히 하면 오히려 특목고 학생들보다 내신성적을 관리하기가 유리함으로 원하는 대학 진학에 유리하다.

🎓 내가 지금 중학교 1~2학년이라면?

목표를 정하기 전에 자기만의 특성을 확실하게 알아볼 수 있는 시간이 충분한 학년이다. 시간에 쫓기지 않고도, 좋아하는 취미를 즐기면서 찬찬히 적성을 찾아볼 수 있다. 특히 여러 분야의 책을 다양하게 읽고, 봉사활동이나 여행 등 견문을 넓히는 데 힘쓴다. 악기나 운동을 이 시기까지 완벽히 습득해 놓으면 매우 좋다. 이 시기에 학교공부를 스스로 하는 방법을 익히고 일기쓰기 등으로 자기관리하는 기술들을 잘 터득해 놓으면 학년이 올라 갈수록 안정된 학창시절을 보낼 수 있다. 지금까지 혼자 공부를 하거나 학원을 다니면서 공부를 해 왔다면 학습동아리를 만들어서 친구들과 같이 교과, 비교과 공부를 하는 습관을 만들면 입학사정관제 전형에 대비하는 최고의 준비이다. 특히 자신의 특성을 키우는 데 도움이 되는 캠프 등에는 적극적으로 참여하여야 한다. 이 시기는 사춘기이기도 함으로 그 어느 때보다 스스로 하는 자기관리가 필요한 시기이고 부모님들은 시행착오를 겪으며 경험을 쌓는 자녀들을 조급한 마음을 갖지 말고 격려해 주며 지켜 봐야 하는 시기이다.

🎓 내가 지금 초등학교 5~6학년이라면?

중학교에 들어가기 위해서 중학교 성적의 선행학습에만 몰두해서는 절대 안 된다. 목표를 찾아서 일관성 있고 자신감 있게 인생을 살아가게 할 수 있는 중요한 시기이다. 이 시기부터 자신의 특성을 찾아서 꾸준히 준비한다면 학교진학은 물론이고 성공하는 인생을 살 것이다. 성공하는 인생이란 돈을 많이 번다거나 사회적으로 명성을 얻는 것을 말하는 것이 아니다. 후회 없는 행복한 인생인 것이다. 4학년까지는 열심히 뛰어놀면서 몸과 마음을 키운 시기라면 5학년부터는 생각이 깊어지고 사춘기가 시작되는 시기이다. 사춘기는 어른처럼 생각하고 싶어 하며 스스로 모든 것을 해 보고 싶어지는 시기이다. 따라서 모든 것들을 스스로 계획해서 할 수 있도록 도와주어야 한다. 대부분의 운동에서도 선수로 성장하기 위해서는 이 시기부터 결정해서 운동을 본격적으로 시작한다. 공부도 예외가 아니다. 이 시기에 전공을 정해서 꾸준히 관리해야 한다.

앞으로 난
난치병을 앓는 사람들을 돕겠어!

정인경 학생은 일반 인문계고등학교 출신이지만 철저한 자기관리와 열정으로 입학사정관들에게 인정을 받아 연세대학교 생명과학공학부에 입학했다. 정인경 학생이 생명과학공학부를 지원하게 된 동기는 고등학교 2학년 여름방학 때 할아버지가 대장암으로 입원하신 일이다. 할아버지가 대장암으로 쓰러지자 가족들은 엄청난 충격을 받았고, 특히 할아버지의 총애를 받던 정인경 학생은 할아버지를 걱정하느라 잠도 이루지 못할 지경이었다. 혹시나 하는 마음에 의사 선생님들을 찾아다니며 대장암의 원인과 치료법을 물었지만 아무 소용이 없었다.

정인경 학생은 힘들어하는 할아버지를 보며 제 나름대로 열심히 대장암 관련 자료를 찾아보다 유전자 치료법을 알게 되었다. 하지만 할아버지는 치료 도중 돌아가시고 말았다. 정인경 학생은 할아버지의 장례를 마치고 새로운 결심을 했다. "앞으로 난 할아버지처럼 난치병을 앓는 사람들을 돕겠어!" 사실 정인경 학생은 할아버지를 위한 치료법을 찾느라 학교 공부를 등한시했다. 그래서 성적이 좋지 않았지만, 그동안 해 온 각종 치료법 특히 유전자 치료법을 연구한 자료를 모아 정리했다. 정인경 학생이 만든 자료를 받아 본 연세대학교 입학사정관은 정인경 학생의 열정과 노력에 감탄을 금치 못했다. 이처럼 정인경 학생은 할아버지의 병환을 계기로 숨어 있던 특성과 잠재력을 계발했고, 뚜렷한 꿈을 품게 되었다.

4장

필요한 근거 자료 준비와
자기관리 방법

입학사정관제 전형에서 가장 중요한 평가요소는 자기만의 특성을 살릴 수 있는 활동 내역이다. 따라서 평소 어떤 활동을 꾸준히 해 왔는지, 그 근거를 빠짐없이 남겨 두는 도구들과 자기관리 방법이 필요하다. 예를 들어 일기쓰기, 자료 파일 노트, 신문스크랩, 독서 기록장, 예습과 복습 방법 등이 있다.

1 일기쓰기
– 나대로의 다이어리

1) 일기장을 구성하는 형식

① 바인더 노트 형태

일기를 입학사정관제에 제출할 자료로 활용하려면, 그날 있었던 일을 글로 적으면서 관련 자료를 사이사이에 추가해서 넣어야 한다. 그러려면 일기장을 바인더 노트 형태로 만드는 편이 좋다.

② 연중계획표

학교 공부, 전공 관련 공부 등 일 년 동안 해야 할 일을 계획표로 만든다. 분기별, 월별 등으로 나누어 계획을 세우면 편리하다.

③ 주중계획표

1주일마다 해야 할 일을 구체적으로 정해서 표로 정리한다.

④ 취미계획표

일반적인 취미와 전공과 관련된 취미를 나누어 계획표를 따로 만든다.

⑤ 독서실천표와 도서감상록(별도로 만들면 일기장에 넣을 필요 없다.)

⑥ 인상 깊은 사건 목록

　특별히 중요하거나 인상 깊은 일을 일반적인 일과 지원 대학의 전공 분야와 관련된 일로 나누고, 목록으로 정리해 둔다. 자기소개서를 쓰거나 면접 대비로 활용할 때 편리하다.

⑦ 장·단점 점검표

　–장점 확인 발전 표 : 목록, 발전방법, 일자별 계획, 일자별 점검, 주간·월간 점검

　–단점 확인 발전 표 : 목록, 보완방법, 일자별 계획, 일자별 점검, 주간·월간 점검

⑧ 느낌표

　–긍정적 느낌 : 일과에서 긍정적인 부분을 찾아서 간단히 느낌을 적는다.

　–반성의 느낌 : 일과에서 반성할 부분을 찾아서 뉘우치는 이유를 적는다.

⑨ 대학정보 바인딩(일기장 맨 뒤에 모아 두면 편리하다)

2) 마인드맵으로 자기계획 세우기

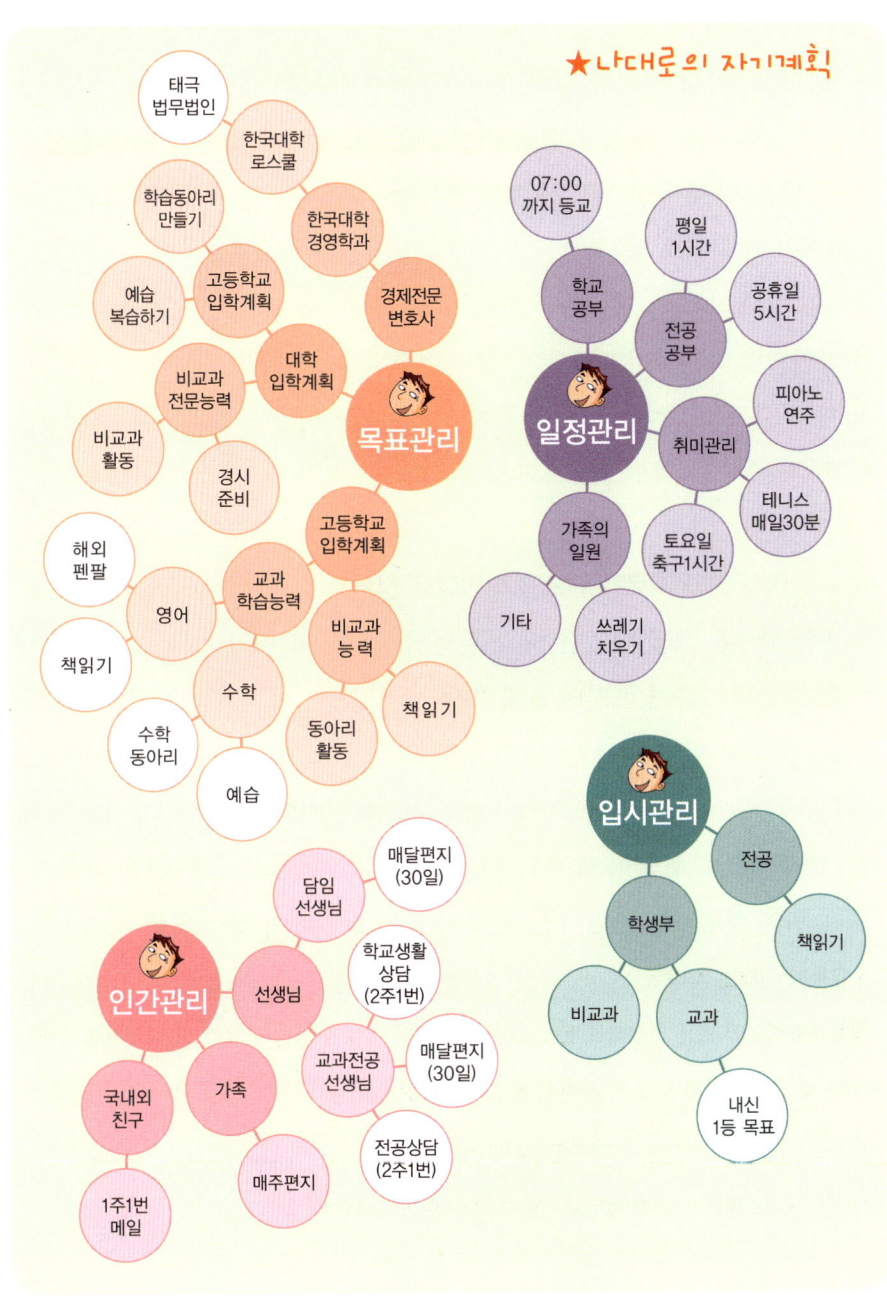

• 주도적인 삶을 사는 연습을 하자!

시험을 대비할 때, 소풍을 갈 때, 이벤트에 참여할 때 등 다른 사람들이 세운 계획을 무작정 따르지 말고, 스스로 자기 계획을 세워서 자기 주도적으로 참여하자. 이때, 자기 계획을 마인드맵으로 작성하면 아주 편리하다. 이 마인드맵을 잊지 말고 반드시 그날 일기에 바인더로 붙여 둔다. 그리고 취미 계획표에 목차로 표시한다.

• 마인드맵 작성하기

먼저 떠오르는 단어들을 자유롭게 적는다 → 단어마다 생각나는 설명을 간략하게 쓴다 → 마인드맵으로 그린다

3) 사진이나 기타 자료가 있으면 바인더로 첨부

일기를 쓸 때, 그날 있었던 일과 관련된 사진이나 기타 자료가 있으면 바로 그날 일기 다음에 바인더로 붙인다. 예를 들어, 체험학습 사진이 있다면 체험학습을 한 날에 붙이면 된다. 특히 자기가 지원하려는 전공 분야와 관련된 경우에는 반드시 사진이나 기타 자료를 붙여야 한다. 만약 자료가 두껍다면 목록으로 만들어 붙이고, 자료를 보관한 곳을 표시해 둔다.

또는 뒤에 설명하는 바인더 형식의 파일 노트에 같이 넣어도 된다.

※유용한 인터넷 사이트

대학교육협의회 또는 정부발표 등 스크랩이 필요한 자료가 있으면 알기 쉽게 정리해서 바인딩하는 방법을 정리해 놓았다. 사이트에 접속해서 자료를 다운받아 보고, 바인딩하면 된다.

블로그 : http://blog.naver.com/dudrlfsp

카 페 : cafe.naver.com/eppak   cafe.daum.net/eppak

2 | 바인더 형식의 파일노트로 증빙서류 모으기

증빙서류를 분류해서 바인더 형식의 파일노트로 정리해 두면 입학사정관제 제출 서류를 준비할 때도, 자기 관리를 할 때도 도움이 된다.

증빙서류를 정리할 때는 내용별이나 과목별 등으로 대분류, 중분류, 소분류로 나누어 정리한다. 바인더 속에 간지를 넣어 대분류를 파란색, 중분류를 초록색, 소분류를 분홍색 등으로 구분하면 한눈에 찾기 쉽다. 또한 증빙서류 제목과 날짜를 목차로 만들어 두면 목차만 보고도 파일을 찾을 수 있고, 증빙서류와 관련된 일기를 찾아 확인하기에 편리하다.

다음은 생물학과에 지원하려는 지수의 증빙서류다.

예1) 생물 경시대회 장려상 상장

　　전공 관련 – 대분류 ⟨1⟩

　　교외 시험 – 중분류 ⟨1⟩

　　전국 시험 – 소분류 ⟨1⟩

예2) 봉사 증거 서류

　　전공 관련 봉사 – ⟨1⟩

　　교외 봉사　　　 – ⟨1⟩

　　안양시　　　　 – ⟨2⟩

＊지수는 전공이냐 아니냐를 기준으로 전공이면 1, 다른 영역이면 2로 했고, 교외 시험이면 1, 교내 시험이면 2로 분류했다. 또한 전국시험이면 1, 광역 시험이면 2, 광역보다 작은 단위 시험이면 3으로 분류했다. 이처럼 개인별 중요도에 따라 증빙서류를 분류하면 정리하고 열람하기 편하다.

증빙서류 바인더 목차

연번	파일위치	일기장 날짜	증빙 서류 내용	발급기관명	기타
1	1-1-1	09. 10. 17	제 14회 전국 생물경시 대회	생물협회	장려상
2	1-1-2	09. 11. 13	안양시 바이오 박람회 자원봉사	안양시	확인서

3 | 독서 계획과 도서감상록

서울대학교에서는 자기소개서 양식에 도서감상록 양식을 다음과 같이 별도로 구분해 놓았다. "자신이 읽었던 책들 가운데 가장 인상 깊었던 책 3권을 선택하고, 그 책을 선택한 이유를 기술하여 주십시오(띄어쓰기를 포함하여 각 도서별로 500자 이내)."

평소 책을 읽고, 도서감상록을 꼬박꼬박 기록해 두었다면 자기소개서를 쓸 때 참고자료로 활용할 수 있다. 아래에 참조할 만한 도서감상록을 예로 들었으니 꼼꼼히 살펴보자.

도서감상록

연번	분류	도서명	저자	출판사	독서 계획일 독서 완료일	도서를 선택한 이유	독서하고 느낀 점	만족도

분류란에는 전공 관련 도서면 ● , 전공 비관련 도서면 ○ 으로 표시한다. 그리고 도서명과 저자, 출판사, 독서를 계획한 날짜와 실제로 끝마친 날짜를 쓰고, 그 도서를 선택한 이유와 읽고 난 다음 느낀 점을 적는다. 마지막으로 도서에 대해 만족하면 ○, 그럭저럭 읽을 만하면 △, 별 도움이 되지 않거나 재미가 없으면 ×로 표시한다. 이러한 양식은 어디까지나 참조 사례로, 직접 도서감상록을 쓸 때는 자기가 쓰기 편한 양식을 선택해서 쓰면 된다.

4 | 전공과 관련된 신문스크랩

신문은 온갖 분야의 최신 정보가 들어 있는 보고(寶庫)다. 교과서가 지난 정보를 통해 새로운 정보를 이해하기 위한 기초적인 배경지식과 정보습득을 위한 교재이고, 전공 관련 서적이 지금까지 정보를 총체적으로 담고 있다면, 신문이야말로 바로 지금 우리가 놓치면 안 될 최신 정보를 가장 빨리 전하는 매체다. 따라서 신문을 읽고, 중요한 내용을 꾸준히 스크랩해 두면 돈 주고도 사지 못할 귀한 자료를 만들 수 있다.

신문을 스크랩하는 방법에는 여러 가지가 있다. 여기서는 그 가운데 하나를 예로 들어보겠다.

신문스크랩 바인더 목차

연번	파일의 위치	일기장 날짜	신문기사 제목	신문명	기사날짜
1	2	09. 06. 24	한국경제 한반기 본격회복	중앙일보	6. 23
2					
3					
4					

신문을 스크랩한 다음, 목차를 정하고 전공과 관련성을 기준으로 분류해서 정리한다. 신문스크랩도 바인더로 정리하면 아주 편리하다. 바인더 속에 간지를 넣어 전공은 파란색 1, 기타는 초록색 2로 분류한다. 물론 분류색은 자신이 좋아하는 색으로 정해도 무방하다.

이렇게 목차를 만들어 두면, 목차만 보아도 파일을 찾을 수 있고, 스크랩한 날짜로 그때 일기를 쉽게 확인할 수 있다.

5 | 완벽 내신공부 비법

입학사정관제에서 내신공부는 반드시 스스로 해야 한다!

게임을 전혀 해 보지 않은 고등학생과 서든 어택이라는 게임을 아주 잘하는 초등학생이 함께 서든 어택 게임에 대한 강의를 듣는다면, 누가 더 집중해서 강의를 들을까? 두말할 필요 없이 초등학생이다. 초등학생은 이미 서든 어택 게임을 잘 알고 많이 했기 때문이다. 학교 수업도 마찬가지다. 수업 내용을 미리 공부한 학생은 그렇지 못한 학생보다 훨씬 수업에 집중할 수 있다. 따라서 학교 수업을 잘 이해하려면 선행 학습, 즉 예습이 무엇보다 중요하다. 예습은 단순한 공부가 아니라 다음 날 수업을 알차게 듣기 위한 사전 준비다. 따라서 예습을 잘해야 수업 내용을 효율적으로 이해할 수 있다. 특히 입학사정관제를 준비하는 학생은 내신 공부를 할 때 학원이나 과외에 의존하지 말고 스스로 공부하는 습관을 들여야 한다. 그래야 전공 관련 공부를 할 시간을 확보할 수 있을 뿐만 아니라 자율적인 학습을 중요하게 여기는 입학사정관제에서 유리하기 때문이다. 실제로 민족사관고등학교에서도 입학사정관제로 일부 학생들을 모집할 때, 가장 중요한 요건으로 학원을 다니지 않은 학생을 내세우고 있다.

1) 다음 날 수업 준비하기(예습)

교과서와 문제집 한 권을 반드시 준비해라!

예습할 때에는 과목별로 교과서와 문제집 한 권을 반드시 준비해야 한다. 예습을 하는 순서는 먼저 다음 날 시간표를 보고, 과목별로 교과서와 문제집을 꺼내 한쪽에 차곡차곡 쌓아 둔다. 위에 있는 교과서와 문제집부터 예습을 시작하고, 예습이 끝나면 다른 쪽으로 교과서와 문제집을 옮겨 놓는다. 과목별 예습이 모두 끝나면, 가방 속에 챙겨 넣는다. 그러면 다음 날 수업 준비가 끝난다.

자, 예습을 시작하자!

① 해당 과목의 교과서를 꺼내 다음 날 배울 부분을 대강 훑어 읽는다. 단, ==절대 정독해서는 안 된다.== 교과서를 한 번 쓱 읽으면 미련 없이 덮는다.

② 문제집을 펴고 교과서에서 읽은 부분에 관한 문제를 풀어 본다. 이때 두 가지를 주의해야 한다. 첫째는, ==답을 쓸 때 문제집이 아니라 연습장에 쓴다.== 둘째는 문제집에 실린 ==요약 설명을 보지 않아야 한다.== 이렇게 문제를 풀면 어떤 문제는 교과서에서 읽은 내용이 생각나고, 어떤 문제는 잘 생각나지 않고, 또 어떤 문제는 전혀 생각나지 않겠지만 가급적 고민하지 말고 생각나는 대로 문제를 풀도록 한다.

③ 문제를 다 풀면 답안지를 열고 연습장에 적은 답과 대조한다. 그 다음에는 꼭 답안지 문제 풀이를 보면서 문제를 이해한다. 그리고 문제 번호 앞에 문제를 이해했고 잘 맞혔으면 O, 문제는 맞혔지만 잘 모르면 △, 문제를 전혀 모르면 ×로 표시한다.

④ 답안 대조가 끝나면 교과서를 다시 편다. 그리고 아까 ==풀었던 문제에서 나온 보기들과 같은 부분을 교과서에서 찾아 밑줄을 긋는다.== 만일 1번 문제가 "이 가운데 정답을 고르시오."이고, 보기가 5개라면 정답 1개가 교과서에 실려 있을 테고, 그 반대라면 오답 4개가 실려 있을 것이다. 수학이나 물리처럼 공식을 쓰는 과목은 비슷한 예제를 찾아 문제를 푸는 데 필요한 공식을 체크해 둔다. 이 과정은 답을 맞힌 문제든 틀린 문제든 가리지 않고 모두 해야 한다.

⑤ 이제 교과서를 다시 한 번 쭉 읽는다. 그러면 처음 읽었을 때 보이지 않던 부분이 보이고, 이 부분이 문제집에 어떤 문제로 나왔는지 알게 된다.

⑥ 다시 문제집을 펴고 △와 ×로 표시했던 문제를 부담 없이 살펴본다.

역시 처음 풀었을 때보다 답을 쉽게 찾을 수 있을 것이다. 이때도 보기에 표시하지 않도록 한다. 만약 예습 과정에서 아무리 보아도 잘 모르는 부분이 있으면 너무 고민하지 말고, 파란 밑줄을 그어 둔다. 수업 시간에 확인하고, 선생님에게 질문하면 된다.

이제 예습이 끝났다. 가방 속에 책을 넣고 푹 자자!

2) 집중해서 수업 듣기(수업)

교과서와 막 공책 하나를 준비해라!

어제 예습을 해 두었다면, 오늘 수업 내용이 몹시 궁금해질 것이다. 선생님 말씀에 귀를 쫑긋 세우고, 파란색 밑줄로 표시한 부분을 놓칠세라 주의를 기울인다. 이처럼 예습을 제대로 한 학생은 그러지 못한 학생보다 수업에 훨씬 집중할 수 있다.

드디어 수업이 시작됐다!

① 교과서를 꺼내서 배울 부분을 펼친다. 만약 선생님이 교과서로 수업하지 않아도 꼭 교과서를 펴도록 한다. 그리고 수업을 들으며 어제 예습했던 내용을 다시 한 번 확인한다. 수업 내용이 귀에 쏙쏙 들어오고, 한결 쉽게 이해할 수 있을 것이다.

예습하면서 잘 몰라서 파란색 밑줄을 그었던 부분을 수업을 듣고 이해하면 붉은색 줄을 긋고 끝까지 모르겠으면 선생님에게 질문해서 해결한다.

② 만일 선생님이 수업하면서 교과서나 문제집에서 다루지 않은 부분을 가르치면 연습장처럼 쓸 수 있는 막 공책에 적는다. 수업이 끝나거나 집에 돌아가면 반드시 교과서에 옮겨 적는다.

3) 오늘 배운 내용을 꼭꼭 되씹기!(복습)

단권 화 작업을 하자!

집에 돌아오면 가방에서 책을 모두 꺼내 복습을 한다. 정독으로 자세히 하려고 시간을 낭비하지 말고, 책을 한 번씩 쭉 읽는다. 그래도 충분히 복습이 된다.

① 가방에서 책을 꺼내면 한쪽에 차곡차곡 쌓아 놓는다. 그리고 한 과목씩 차례로 교과서를 펼쳐 오늘 배운 부분을 읽는다. 예습을 하고 수업을 들었기 때문에 한 번만 읽어도 충분하다.

② 교과서와 공책을 펼치고 수업 시간에 적어 둔 내용을 교과서 여백에 옮겨 적거나 종이쪽지에 써서 붙인다.

이렇게 하면 본래 교과서 내용과 문제집에 실린 내용, 수업 내용이 교과서 한 권에 묶을 수 있다. 다시 말해, 교과서만 보면 문제집과 수업 내용을 한 번에 볼 수 있다. 이를 전문용어로 단권 화 작업이라고 한다. 문제집과 수업 내용 등 필요한 부분을 모두 교과서에 넣어 단권 화했다는 의미다.

4) 토요일에는 주말 복습

교과서들을 모두 꺼내서 주중에 공부한 부분을 한 번 쭉 읽는다. 예습과 수업, 복습을 끝마친 상태라 금방 읽을 수 있고, 내용이 쉽게 기억날 것이다. 주말 복습은 시간이 지나면서 가물가물한 기억을 확실하게 각인시키는 작업이다. 힘들여 예습과 수업, 복습을 해서 공부한 내용을 제때 보지 않으면 하나둘씩 잊어버리게 된다. 따라서 주말 복습을 통해 다시 한 번 공부한 내용을 되새겨야 한다. 쉬는 토요일에는 그동안 배웠던 부분을 총체적으로

5) 시험 기간에는 어떻게 해야 할까?

평소 예습과 수업, 복습 그리고 주말 복습을 꾸준히 했다면 이미 어느 정도 시험 준비가 끝난 셈이다. 문제집을 한두 권 더 보며 아는 내용을 확인하고, 여러 문제 유형을 익히면 된다. 만약 문제 가운데 교과서에 나오지 않은 내용이나 유형이 있으면 반드시 표시해 두어야 한다. 교과서에 해당 부분을 찾아 여백에 쓰거나 종이쪽지에 써서 붙인다.

시험이 끝나면 시험지에 있는 문제들을 하나하나 살펴보고, 교과서 해당 부분을 찾아 밑줄을 긋고 메모를 한다. 이렇게 모든 내용을 응축한 교과서는 수학능력시험을 대비한 최고의 보물이다. 상급학교에 진학할 때까지 절대 교과서를 버리면 안 된다.

인터넷 UCC 인기스타가 되었거든요

저는 서울여자대학교 국문학과에 입학한 배하나입니다. 사실 저는 소심하고 수줍은 소녀였어요. 물건을 살 때도 가게 주인아저씨의 눈을 마주치지 못할 정도였으니까요. 그러던 제게 꿈이 생겼습니다. 바로 TV 방송에 나오는 아나운서요.

그러나 소심한 제 성격은 아나운서와 전혀 맞지 않았습니다. 사람들 앞에서 몇 마디 해도 금방 얼굴이 새빨개져 버리는 걸요. 그래서 저는 제 성격을 완전히 바꾸기로 결심했습니다.

먼저 연극 동아리에 들어가서 무대 경험을 쌓고, 사람들 앞에 서는 일에 조금씩 익숙해졌지요. 그리고 학교 방송부에 들어갔습니다. 친구들과 방송 프로그램을 짜고, 직접 마이크 앞에 서서 방송 멘트를 읽었지요. 시간 날 때마다 큰 소리로 또박또박 발음 연습을 했고요. 그러다 보니 소심한 제 성격이 어느새 적극적이고 발랄하게 바뀌었더군요. 이제 주변에 친구들도 많이 생겼답니다.

저는 고등학교를 졸업하기 전에 기억에 남을 일을 꼭 하나 하고 싶었습니다. 그래서 방송부와 연극 동아리 친구들을 모아 예쁘고 고운 우리말의 발음과 표현을 배우는 홍보 영상을 만들었습니다. 저희가 만든 홍보 영상은 친구들에게 큰 이슈가 되었고, 곧 인터넷에 올라갔지요. 그리고 단박에 인터넷 UCC 인기스타가 되었답니다.

제게는 이 홍보 영상이 곧 대학 합격의 열쇠가 되었습니다.

5장

자기소개서와 추천서

대학교입시 전형에서뿐만 아니라 고등학교와 국제중학교 등에서도 자기소개서와 추천서의 제출을 요구하고 있다. 자기소개서는 글을 쓰는 실력을 점검하려는 것이 아니라, 학생이 그동안 공부를 하며 생활해 온 과정을 보려는 것이다. 그리고 추천서는 그 학생을 꾸준히 지켜 본 선생님의 평가를 참조해서 학생을 객관적인 시각에서 다시 보고 자기소개서의 내용을 확인하려는 것이다.

1 | 자기소개서

자기소개서는 솔직하게 써야 한다. 예를 들어, 다른 사람에게 잘 보이고 싶은 마음에 자신을 터무니없이 과장해서 소개했다면 어떻게 될까? 처음에는 믿고 좋아했을지 몰라도, 실제 모습을 아는 순간 실망과 배신감을 느끼고 돌아서게 된다. 회사에 들어갈 때도 마찬가지다. 자기소개서에 능력을 잔뜩 부풀려 쓴다면, 힘들여 입사해도 아무 소용이 없다. 얼마 지나지 않아 능력 부족이 드러날 테고 일에 차질이 빚어질 것이다. 그러면 자기소개서를 믿고 그를 채용한 회사에 큰 실망과 손해를 안기게 될 것이다.

자기소개서는 자기소개서를 주는 쪽과 받는 쪽이 잘 어울리는 관계인지를 확인하는 중요한 절차다. 따라서 솔직하고 구체적으로 작성해서 추후에 서로 실망하고 후회하지 않도록 각별히 주의해야 한다. 자기소개서에 기본적으로 포함하여야 하는 내용을 살펴보자.

1) 목표의식을 확인한다

학생을 선발하는 학교에서는 수험생이 해당학교를 지원하는 동기와 학습 계획, 진로 계획을 확인하고 싶어 한다.

2) 목표를 위한 활동을 본다

그동안 어떻게 공부해 왔는지 자기의 특성을 살리기 위해서 어떤 노력을 해 왔는지 확인하고 싶어 한다.

3) 수험생 주변의 환경을 본다

가정, 학교, 지역 등 수험생 주변 환경과 수험생이 주변 환경에 적응해 온 과정을 확인하려 한다.

2 | 추천서

학교가 추천서를 받으려는 가장 중요한 이유는, 추천서가 수험생이 제출한 자기소개서가 사실인지를 확인하는 주요 수단이기 때문이다.

대학은 자기소개서와 추천서, 수험생의 각종 활동 자료를 비교 검토한다. 그리고 최종적으로 면접을 통해 확인하고 합격 여부를 결정한다. 그리고 보다 면밀한 확인이 필요할 경우, 직접 방문해서 확인한다.

1) 추천인의 자격

학교 선생님이나 교장 선생님이 추천인으로 바람직하다. 만약 그러기 어렵다면 수험생을 6개월 이상 지켜 본 사람이 작성해도 된다. 단, 지원하는 학교 교직원, 학원 강사 및 학원장, 과외 지도교사, 본인, 가족, 친척, 친구는 추천인 대상에서 제외하고 있다.

추천인은 수험생이 지원하는 대학교에서 추천서의 내용 확인을 요청해 올 경우, 적극적으로 협조해 줄 수 있어야 한다.

2) 추천서의 내용과 작성 준비

==추천서의 내용은 자기소개서의 내용과 일치해야 한다.== 학교생활기록부나 별도로 준비한 증빙 서류들과도 내용이 어긋나면 안 된다. 따라서 추천서를 작성할 때는 먼저 학생이 지원하는 학교의 자기소개서 양식에 따라 자기소개서를 2부 작성해서 1부를 추천인에게 준다. 그리고 추천인은 학생이 작성한 자기소개서를 참조하여 추천서를 쓰면 내용상 오류가 없고, 학생에게 필요한 부분이 빠짐없이 들어갈 수 있다.

3) 추천서의 형식

추천서는 수험생에 대한 평가 자료다. 추상적인 단어나 미사여구를 배제하고, 구체적이고 객관적인 사실에 입각하여 간결하고 명확하게 작성해야 한다.

4) 추천서에서 평가되는 주요내용

학습능력, 독서능력, 창의적 아이디어, 논리적 사고력, 수업참여도 및 과제수행력, 계발활동 참여도와 특기 습득, 자율적 사고력, 책임의식과 공동체의식, 타인에 대한 배려심, 종합적인 학생의 품성 등이 있다.

6장

면접

입학사정관제에서 면접의 목적은 수험생이 제출한 자기소개서 내용과 선생님이 보낸 추천서 내용을 비교하여 자기소개서 내용을 믿을 수 있는지 확인하려는 것이다.

면접 때는, 너무 과장해서 떠벌려서도 안 되고 위축되어 할 말조차 못해서도 안 된다. 자기 경험을 진솔하고 일관되게 답변하고, 뚜렷한 목표와 열의를 보여 줘야 한다. 여기에서는 면접을 위한 준비와 주의해야 할 사항을 알아본다.

1 | 면접 준비

🎓 일반적인 준비사항

- 충분한 수면을 취한다.
- 얼굴을 생기 있게 한다. 첫 인상은 면접에 있어서 아주 중요하다. 면접관들이 가장 좋아하는 인상은 얼굴에 생기가 있고 눈동자가 살아 있는 사람이다.
- 단정하고 깔끔한 옷을 입는다.
- 면접시간보다 조금 일찍 도착해서 마음을 가다듬고 주의사항이나 순서를 잘 들어 둔다.

🎓 구체적인 준비사항

- 수험생 자신이 제출했던 자기소개서 사본을 준비해서 꼼꼼히 읽어 둔다.
- 자기소개서를 쓰는 데 근거가 되었던 활동목록과 활동내용을 요약해서 읽어 둔다.
- 읽은 책들의 도서감상록을 다시 한 번 읽어 둔다.
- 신문 등을 스크랩한 자료들을 다시 한 번 읽어 둔다.
- 입학한 후의 학습계획과 장기적인 진로계획을 마인드맵으로 그려서 익혀 둔다.
- 지원한 학교의 전체적인 연혁을 알아 둔다.
- 지원한 학교의 건학이념을 알아 두는 것은 중요하다.
- 지원한 학교가 사회적으로 큰 영향을 준 사건이 있으면 알아 두고 자기의 생각을 정리해 두어야 한다.

• 기타 본인이 중요하다고 생각되는 것을 적어 보고 정리해 둔다.

2 | 면접 시 주의사항

• 입실할 때

본인 차례가 되어 이름을 부르면 '예' 하고 또렷이 대답하고 들어간다. 문이 닫혀 있을 때에는 상대에게 소리가 들릴 수 있도록 노크를 두 번 한다. 대답을 듣고 나서 들어간다. 문은 조용히 열고 닫으며 공손한 자세로 인사한 후 이름(번호)을 또렷이 말하고 면접관의 지시에 따라 의자에 앉는다.

• 의자에 앉을 때

의자 끝에 걸터앉지 말고 깊숙이 들여 앉는다. 양손은 무릎 위에 가지런히 얹는다.

• 발랄하고 자신감 있는 태도 유지

처음부터 끝까지 침착하면서도 밝은 표정으로 예의를 지킨다. 때로는 부담스러운 질문을 받더라도 우물거리지 말고 모르는 것은 솔직히 인정하고 아는 것은 아는 만큼 대답하면서 자신감을 보인다.

• 과장과 거짓은 피한다

질문에 대하여 과장하여 말하거나 거짓말은 하지 말아야 한다. 불필요한 얘기를 하거나 수다를 떠는 것도 피해야 한다. 늘어지는 설명보다는 먼저 결론을 말하고 나중에 부수적 설명을 덧붙이는 형태로 대화를 끌고 나가야 한다.

• 자신의 의견을 말해야 한다

자신의 의견이 아닌 다른 곳에서 '남의 것'을 빌려 온 말을 하는 것은 절대적으로 피해야 한다. 평소 자기만의 다이어리 등으로 자기관리를 해 오고 앞서 설명한 면접요령처럼 면접을 앞두고 준비했다면 문제가 없을 것이다.

• 퇴실할 때

면접이 끝나고 일어설 때는 조용히 일어나 '감사합니다'라고 인사를 한다. 당당한 자세로 문 앞까지 가서 다시 목례를 하고, 조용히 문을 닫고 나간다. 면접관은 지원자가 일어서 나가기까지의 일거수일투족을 관찰하고 있음을 잊지 말아야 한다.

〈참조 : JA Korea 개인경제 워크북〉

이 땅의 어머니, 아버지들께

학창시절은 인생에서 가장 꽃다운 시절입니다. 어른들은 아이들이 학창시절을 아름다운 추억으로 가득 채울 수 있도록 고민하고 배려해야 합니다. 그러나 어른들 가운데 적지 않은 분이 학창시절을 마치 미래의 행복을 보장받기 위한 고행의 세월로 여기고 있는 듯합니다. 그래서 우리 아이들이 꿈과 희망의 날개를 마음껏 펼쳐야 할 학창시절에 오로지 공부와 싸움을 하고 있으니 이 어찌 안타까운 일이 아니겠습니까.

학창시절은 꿈과 용기를 키우며 아름다운 추억을 만들어 가는 시절이 되어야 합니다. 꿈과 용기는 스스로 여러 경험을 쌓으며 자연히 체득됩니다. 그리고 아이들은 부모가 자신을 믿는다고 느낄 때 자신감과 책임감을 가집니다. 우리 어른들은 아이들이 스스로 제 꿈을 찾아 나가는 모습을 그저 믿고 바라봐 주면 됩니다.

사실 이 글은 제 반성문이나 다름없습니다. 지금껏 저는 많은 제자를 가르치며, 제자들이 스스로 꿈을 향해 나갈 수 있도록 최선을 다해 도왔습니다. 그러나 정작 제 자녀들에게는 그러지 못했습니다. 부모로서 조바심이 제 자녀들을 끊임없이 몰아세우고, 재촉하게 만들었나 봅니다.

저는 이 글을 통해 제 자신을 반성하고, 우리 어른들이 아이들을 신중하게 사랑하는 법을 모색하고자 했습니다. 부디 제 글을 읽고 우리 아이들이 어떻게 꿈과 용기를 가지게 할지 함께 고민하고 노력하는 시간을 가지기를 바랍니다. 저를 비롯한 이 땅의 모든 어머니, 아버지가 더 좋은 부모가 되기를 소원하며.

부끄러운 아버지 손영길 올림